gutes leben
bene!

»GANZ SCHÖN MUTIG – Dein Podcast für ein erfülltes Leben« gibt es bei Apple, Spotify, YouTube und überall, wo es Podcasts gibt, sowie auf meiner Homepage: www.melaniewolfers.de

Melanie Wolfers

ZUVERSICHT

Die Kraft, die an das Morgen glaubt

INHALTSVERZEICHNIS

Ein Schmetterling zur Raupe:
Das Ende der Welt, die du kennst,
ist nicht das Ende der Welt.

EINLEITUNG

»Passen Sie auf sich auf!« Mit diesen besorgten Worten endeten in der Zeit der Coronapandemie viele Mails oder Anrufe. Kein Wunder, hat doch ein winziger Virus uns daran erinnert, wie zerbrechlich alles ist: wir selbst; die Menschen, die wir lieben, und alles, was wir uns persönlich und als Gesellschaft aufgebaut haben. Ein Riss in der Oberfläche des Alltags legt die Verwundbarkeit bloß und zeigt, dass »mit einem Schlag« unsere Gewohnheiten und Pläne zunichtewerden können.

Viele haben mir von ihrer *persönlichen Not* erzählt: Ein Mittfünfziger, der seinen Arbeitsplatz verliert, weil der Betrieb Kosten einsparen muss. Die Jugendliche, deren Leben durch die Corona-Maßnahmen aus den Fugen gerät und die psychisch instabil wird. Eine Abiturientin, die jahrelang für eine Weltreise gejobbt hat und ihre Reise nach sechs Wochen abbrechen musste. Der Tod eines geliebten Menschen, von dem man sich nicht einmal bei dessen Beerdigung verabschieden konnte. Eine zerbrochene Beziehung. Bohrende Einsamkeit …

»Mir entgleitet die Kontrolle über mein Leben und meine Zukunft. Ich fühle mich überfordert und blicke dem Kommenden mit Angst entgegen.« Wo sich dieses Lebensgefühl breitmacht, schlittern Menschen in eine Krise. Sorgen ersticken ihren Lebensmut, und sie verlieren den Glauben daran, dass sie ihrem Leben eine positive Wendung geben können.

Auch *gesellschaftlich* stehen wir vor vielen *Herausforderungen*. Unsere Welt verändert sich immer schneller und radikaler. Der technologische Fortschritt ist Segen und Fluch zugleich. Eine zunehmende Automatisierung führt zum Verlust von Arbeitsplätzen. In hohem Tempo werden Ressourcen verbraucht. Eine Krise jagt die andere: die Meere werden zugemüllt; das Klima kollabiert; Populisten übernehmen Regierungen; hinzu kommen nicht enden wollende Kriege, und über 80 Millionen Menschen sind auf der Flucht …

Wir brauchen dringend neue und innovative Lösungsansätze für all diese Themen! Es ist unverzichtbar, die großen Probleme unserer Zeit *jetzt* anzugehen. Doch genau hier hakt es! Es fehlt an der Hoffnung und Überzeugung, die gegenwärtigen Herausforderungen bewältigen zu *können*. Das Frankfurter Zukunftsinstitut diagnostiziert, dass das soziale Klima in Deutschland geprägt sei von Gefühlen der Ohnmacht und Orientierungslosigkeit, von Überforderung und Überreizung. Menschen trauen sich und ihrer Lösungsbegabung kaum mehr etwas zu. Und überhaupt: Was würde mein Beitrag schon ändern?!?

Wie können wir in *persönlichen* Krisen unsere Kraft stärken, um wieder neu Vertrauen in uns selbst zu fassen und an ein besseres Morgen zu glauben? Wie können wir uns wieder aufrappeln, wenn wir in einer üblen Situation zu Boden gegangen sind? Und wie gelingt es zu stärken, was unsere *Gesellschaft* so dringend braucht: Dass jede und jeder sich mutig, kreativ und kooperativ einbringt und dazu beiträgt, dass unsere Welt ein Stückchen besser wird?

Zuversicht ist eine Energie, die uns dazu befähigt! Sie ist eine Widerstandskraft, die hilft, Krisen zu bewältigen. Sie ermöglicht, positive Zukunftsvorstellungen zu entwickeln. Und sie treibt uns an, Lösungsansätze zu entdecken, tätig zu werden und so das Unsrige dazu beizutragen, dass das Erhoffte auch eintritt. Da ist der Einsame, der sich auf einer Online-Partnerbörse anmeldet. Die Frau, die nach einer dritten Fehlgeburt erneut wagt, schwanger zu werden. Die Studentin, die sich bei »Fridays for Future« engagiert. Zuversicht weist ihnen den Weg und gibt ihnen Motivation und Ausdauer, diesen zu beschreiten.

Die tatkräftige Haltung der Zuversicht lebt davon, dass wir der Zukunft einen gewissen Vertrauensvorschuss entgegenbringen. Sie lässt uns an ein Morgen glauben. Geben wir der Zuversicht in unserem Alltag Raum, dann bieten wir dem Leben Gelegenheit, uns erfreulich zu überraschen.

Dabei ist Zuversicht alles andere als ein billiger Optimismus, der sich die Dinge schönredet oder naiv hofft, dass am Ende irgendwie alles gut wird. Zuversicht meint auch nicht jene Art von positivem Denken, das immer nur Chancen sieht. Ein solch weichgespülter Blick leugnet die Härten des Lebens, die nun einmal da sind!

Ich persönlich tat mich übrigens schwer, die Coronapandemie vorschnell als Chance umzudeuten. Sie machte mir persönlich zu schaffen: als Freiberuflerin; durch mehrwöchige Quarantänen, einem monatelangen Lockdown und dadurch, dass ich als in Österreich lebende Deutsche viele von meiner Familie und meinen Freunden über eineinhalb Jahre nicht gesehen hatte. Doch vor allem war und ist sie für unzählige Menschen in Europa – geschweige denn weltweit – einfach eine Katastrophe!

Ob es gelingen wird, die Chancen in der Krise zu entdecken, wird die Zukunft erweisen. Doch was alle Maßnahmen zur Pandemiebekämpfung (Abstand halten, Maske tragen …) gezeigt haben: *Es kommt auf das Verhalten der einzelnen Person an! Jede und jeder ist entscheidend!* Und darin liegt eine wichtige Einsicht – und eine Erfahrung, die Zuversicht weckt.

Doch wie gelingt es, angesichts eines Schicksalsschlags den Lebensmut zu bewahren? Was hilft, die Hoffnung nicht zu verlieren, wenn wir uns in einer persönlichen Krise unsicher oder verzweifelt fühlen? Oder wenn wir uns angesichts gesellschaftlicher Probleme überfordert und ohnmächtig erleben?

Ein erster Hinweis liegt bereits in der Frage selbst. Denn wenn man Zuversicht *verlieren* kann, bedeutet das auch: Man kann sie *wiederfinden*! Zuversicht ist also nicht einfach da oder nicht da. Sie ist keine angeborene Charaktereigenschaft, sondern eine innere Haltung, die sich jede und jeder – zumindest bis zu einem gewissen Grad – aneignen kann. Wir können unsere Fähigkeit, zuversichtlich zu sein, stets neu entdecken und entfalten.

Wie das gehen kann, davon handelt dieses Buch. Es vermittelt einen Überblick: Was ist Zuversicht – und was nicht? Welche Hindernisse stellen sich ihr in den Weg? Wie lässt sich Zuversicht stärken, und wie können wir dem Leben gegenüber eine positive Haltung entwickeln, auch wenn es ungewiss und bisweilen beinhart ist? Und wie können wir in Krisenzeiten Zuversicht als einen Prozess verstehen und gestalten?

Sie werden Anregungen, Tipps und praktische Beispiele finden. Und Sie werden Geschichten lesen von Menschen, die in bedrückenden Zeiten fähig waren, auf den Anbruch eines neuen Tages zu hoffen.

»Passen Sie auf sich auf!« Vermutlich haben Sie diesen Satz in den letzten Monaten oft gehört. In ihm drückt sich eine Sorge aus. Aber noch viel mehr ein ermutigendes Zutrauen, nämlich: »Sie können für sich selbst Sorge tragen! Sie können dazu beitragen, Ihr Leben und das Ihres Umfeldes konstruktiv zu gestalten.« Ich hoffe sehr, dass dieses Buch Sie in dieser tatkräftigen Zuversicht bestärkt!

WAS DIE ZUVERSICHT BLOCKIERT

Blicken wir der Zukunft zuversichtlich entgegen, dann erwarten wir von dem, was auf uns zukommt, etwas Gutes. Wir entwickeln positive Vorstellungen und Pläne – und diese braucht es, um überhaupt aktiv zu werden und um Krisen bewältigen zu können. Einer solch hoffnungsvollen Haltung stehen jedoch manche Hindernisse und innere Widerstände im Weg. Vier Stolpersteine nehme ich in den Blick.

1. Stolperstein: Was ist eigentlich der Punkt?

Beschreiben Sie, was Sie auf der nächsten Seite sehen.

Der schwarze Punkt

Eines Tages kam ein Professor in das Seminar und schlug überraschend einen Test vor. Er verteilte das Aufgabenblatt, wie üblich nach unten gedreht. Dann forderte er die Studierenden auf, die Seite umzudrehen und zu beginnen.

Zur Verwunderung aller gab es keine Fragen – nur einen schwarzen, unregelmäßigen Punkt ungefähr in der Mitte der Seite.

»Ich möchte Sie bitten aufzuschreiben, was Sie auf dem Blatt sehen.«

Die Studierenden waren verwirrt, begannen jedoch mit ihrer Arbeit.

Nach einiger Zeit sammelte der Professor alle Antworten ein und begann, sie laut vorzulesen. Alle hatten ohne Ausnahme den schwarzen Punkt beschrieben – seine Position in der Mitte des Blattes, seine Größe und Form usw.

Nun lächelte der Professor und sagte: »Ich wollte Ihnen eine Aufgabe zum Nachdenken geben. Niemand hat etwas über den weißen Teil des Papiers geschrieben. Jeder konzentrierte sich auf den schwarzen Punkt – und das Gleiche geschieht in unserem Leben. Wir haben ein weißes Papier erhalten, um es zu nutzen und zu genießen, aber wir konzentrieren uns immer auf die dunklen Flecken.«

Die eigene Zuversicht zu stärken, beginnt mit der Frage: Wie nehme ich die Welt wahr? Mit welcher Optik blicke ich auf die Realität?

Zahlreiche Studien zeigen, wie unzuverlässig unsere Wahrnehmung arbeitet. Dazu gehört auch die einseitige Konzentration auf das Negative. Vermutlich kennen Sie das: Wie von selbst beschäftigt sich unser Gehirn vor allem mit den »dunklen Punkten«: Mit dem, was fehlt oder belastet – ein Konflikt, ein cholerischer Chef, gesundheitliche Beschwerden … – oder mit dem, was in der Welt schiefläuft. Das Positive hingegen gerät, ähnlich wie das weiße Papier, schnell aus dem Blick. Wir nehmen es als selbstverständlich hin: Angefangen von der Meisterleistung unseres Körpers, der ständig Signale empfängt und aussendet und auf diese Weise sein Gleichgewicht reguliert, über die lichten Seiten des Alltäglichen bis hin zu erfreulichen persönlichen oder gesellschaftlichen Entwicklungen.

Der Negativfokus hat viele, durchaus auch sinnvolle Gründe! Das Problem liegt in der Einseitigkeit. Es braucht beides: den Blick auf das Negative und Schwierige *und* die Aufmerksamkeit für das Positive und Mutmachende. Nur Letzteres gibt uns die Kraft und Zuversicht, wieder aufzustehen, wenn eine Situation uns in die Knie gezwungen hat.

Um die Gewohnheit zu durchbrechen, sich vor allem auf das Problematische zu konzentrieren, kommt dem Tagesbeginn eine besondere Bedeutung zu. Jeder Morgen bietet die Chance, Ihre Aufmerksamkeit in eine bestimmte Richtung zu lenken und sich für einen Fokus zu entscheiden. In einem Bild ausgedrückt: Sie können am Morgen unterschiedliche Brillen aufsetzen. Je nachdem, welche Brillentönung Sie wählen – eine dunkle, eine helle, eine rosarote … –, wird Ihr Tag in ein anderes Licht getaucht. Er wird eine unterschiedliche Färbung erhalten.

Einen ähnlich großen Unterschied macht es, ob Sie sich zu Beginn eines neuen Tages bewusst für einen farbenfrohen, bejahenden Blickwinkel entscheiden oder ob Sie eine eher misstrauische Perspektive einnehmen, die schwarzsieht. Ihre Welt wird sich jeweils anders zeigen! Ihr Tag wird jeweils ein anderer sein!

Mir persönlich hilft ein lyrischer Text des Dichters Andreas Knapp, den ich mir jeden Morgen in Erinnerung rufe, indem ich ihn leise vor mich hin spreche. In diesem Gedicht namens »Laudes« heißt es:

wenn nach Schreckstunden des Dunkels
der Morgen die Augen aufschlägt
geh ihm singend entgegen

erwache ins Lob
und das Lob weckt dir die Welt
dass sie dir singe[1]

Auch der letzten Viertelstunde vor dem Schlafengehen gebührt Aufmerksamkeit, denn sie ist das Tor in die Nacht. Hilfreich ist das Führen eines *Dankbarkeits-Tagebuches.* Man blickt jeden Abend auf den vergangenen Tag zurück und notiert sich, was man an Schönem erlebt oder was einem gutgetan hat. Um Ihre Aufmerksamkeit zu weiten und Ihre Zuversicht zu stärken, können Sie aber auch ein *Zuversichts-Tagebuch* führen: Schauen Sie abends in einer Art »Tagesschau« zurück und schreiben Sie zwei, drei Ereignisse oder Dinge auf, die Sie hoffnungsvoll gestimmt haben.
Wenn Sie sich als spiritueller Mensch verstehen, können Sie diesen Rückblick mit einem bewussten Innehalten verknüpfen und sich betend mit dem göttlichen Geheimnis des Lebens verbinden.

2. Stolperstein: Nur keine Überraschungen!

Immer wieder versuchen Menschen, in die Zukunft zu schauen, um vorherzusehen, was kommen wird. Wissenschaftler* innen und Zukunftsforscher* innen geben Prognosen ab, was sich ereignen könnte. Oft haben sie recht, aber in anderen Fällen liegen sie daneben. Von solchen Prognoseirrtümern zu lesen ist lehrreich und unterhaltsam. Hier einige Beispiele, wie selbst hartgesottene Realisten mit ihren Vorhersagen völlig danebenlagen:

»Es gibt nicht den geringsten Hinweis, dass Atomenergie jemals nutzbar sein wird.« (Albert Einstein 1934 in der New York Times*)*

»Wir mögen Ihre Musik nicht, und Gitarrengruppen werden bald aus der Mode kommen«, antwortete die Plattenfirma Decca Records *einer jungen Musikband. Diese Band – die Beatles – hat danach mehr als 600 Millionen Tonträger verkauft.*

»Das Spam-Problem wird in zwei Jahren Geschichte sein«, versprach der Microsoft-Gründer Bill Gates im Jahr 2004. Und: Wie viele Spammails haben Sie heute erhalten?

»Suchen Sie sich lieber wieder einen Job. Von Kinderbüchern allein können Sie Ihren Lebensunterhalt nicht bestreiten«, schrieb der Kinderbuch-Verleger Barry Cunningham an Joanne K. Rowling vor der Veröffentlichung ihres ersten Harry-Potter-Romans.

Was wurde Ihnen ganz persönlich schon prophezeit? Haben Sie wegen einer schlechten Prognose schon einmal auf etwas verzichtet, damit es am Ende nicht zu schlimmen Entwicklungen kommt? Und wie oft haben Sie frohgemut mit etwas begonnen, und es kam dann ganz anders als vorhergesagt?

Die Zukunft wird häufig durch unerwartete Ereignisse geprägt, die niemand auf dem Schirm hatte. Positiv wie negativ. Immer wieder werden wir von Wendungen überrascht, mit denen niemand gerechnet hatte: Die deutsche Wiedervereinigung; der Reaktorunfall von Fukushima, der später zur deutschen Energiewende führte; oder im Privaten eine Trennung (»dabei waren die beiden ein Traumpaar«) und der Beginn einer neuen Freundschaft … All diese Entwicklungen waren nicht vorauszusehen.

Es zeigt sich: Die Zukunft ist nirgends festgeschrieben! Sie wird auch von überraschenden Faktoren und Zufällen geprägt. Und ebenso von unseren Zukunftsvorstellungen und davon, wie wir uns heute verhalten.

Hier liegt ein weiterer Stolperstein auf dem Weg zur Zuversicht: der viel gepriesene »realistische Blick« in die Zukunft. Oft stellen sich die sogenannten Realisten die Zukunft wie eine Verlängerung der Gegenwart vor. Sie meinen, durch Prognose und Kalkulation jetzt schon das Morgen zu kennen. Dabei übersehen sie, dass es in komplexen dynami-

schen Systemen immer eine Unzahl anderer Möglichkeiten gibt – und dass sich oft Dinge ereignen und durchsetzen, die man sich nicht einmal in den kühnsten Träumen ausgemalt hätte.
Realistisch betrachtet bedeutet daher ein realistischer Blick in die Zukunft, dass Sie für unvorhersehbare Wendungen offenbleiben. Dass Sie versuchen, mit dem Unberechenbaren zu rechnen und die eigenen Erwartungen nicht (allzu sehr) auf das bereits Bekannte zu begrenzen. Zu diesem Realismus gehört auch, um die eigene Würde und Verantwortung zu wissen: Dass das Handeln von heute die Welt von morgen mitgestaltet.
Natürlich wird sich nicht jede Zukunftshoffnung erfüllen! Doch die offene Zukunft verdient, dass wir ihr einen gewissen Vertrauensvorschuss entgegenbringen. Und damit rechnen, dass Dinge möglich werden, die jetzt noch undenkbar sind.

Auf den Punkt gebracht: Wir wissen einfach zu wenig, um pessimistisch in die Zukunft zu schauen! Es ist immer viel mehr möglich, als wir denken.

Praxistipp: Staunen üben

Eine wache, offene Haltung lässt sich fördern, indem Sie im Laufe eines Tages auf die Momente achten, die Sie zum Staunen bringen. Oder indem Sie sich regelmäßig die Zeit gönnen, eine Weile ohne Handy spazieren zu gehen. Lenken Sie Ihre Aufmerksamkeit stattdessen auf die Umgebung; auf das, was Ihnen bemerkenswert vorkommt. Etwa ein kleines Muster von Licht und Schatten; die Sonne, die sich im Fenster des Hochhauses spiegelt; raschelnde Herbstblätter auf dem Weg, ein Kinderlachen.

Wer ins Staunen gerät, widersteht dem Hang, sich in einem abgeklärten »Realismus« einzurichten, der sich auszukennen meint und den nichts mehr überraschen kann. Wer staunt, kultiviert den Sinn dafür, dass alles auch ganz anders sein könnte.

3. Stolperstein: Der Wunsch nach einem Rundum-sorglos-Paket

Ein weiterer Stolperstein steht einem zuversichtlichen Leben im Weg: das Streben nach Kontrolle und Sicherheit, das zu den Megatrends unserer Gesellschaft gehört. Angefangen vom vorgeburtlichen Screening, um jedes Risiko auszuschließen; über in Windeln eingebaute Chips, um per Smartphone Ausscheidung und Herzschlag des Säuglings zu kontrollieren; Banken, die dem Kind schon den Finanzierungsplan für die Altersvorsorge in die Wiege legen; bis hin zu einer boomenden Versicherungsbranche, die uns über den Tod hinaus abzusichern verspricht.

Doch Leben ist das, was einem zustößt, während man gerade eifrig andere Pläne schmiedet, sagte schon John Lennon – jener Ex-Beatle, der eines Tages auf dem Nachhauseweg von einem verwirrten Fan erschossen wurde. Das Leben hält sich nicht an unsere Vorstellungen von fair und richtig. Es gibt Gefahren, die wir nicht unter Kontrolle haben. Und überraschende glückliche Fügungen.

Zuversicht bewährt sich gerade auch darin, den Kopf nicht in den Sand zu stecken, wenn die eigenen Gewohnheiten oder Pläne über den Haufen geworfen werden. Zuversicht befähigt, mit Widrigem und Unabwendbarem umzugehen. Und sie gibt die

Kraft, dem Leben in seiner bleibenden Ungewissheit und Offenheit mit einer positiven Haltung zu begegnen.
Der Glaube daran, in Zukunft alles in Griff zu bekommen und restlos absichern zu können, schwächt diese innere Widerstandskraft! Das wachsende Kontrollbedürfnis untergräbt die Bereitschaft und Fähigkeit zu vertrauen – und höhlt damit eine der wichtigsten Ressourcen von Zuversicht aus.

Ein Schritt Richtung Zuversicht liegt darin, den Wunsch nach Kontrolle als das zu enttarnen, was er ist – als eine kindliche Wunschvorstellung. Und am besten auch noch humorvoll darüber schmunzeln zu können, denn: Wir hatten noch nie eine umfassende Kontrolle! Und es wird auch keine geben.

Während Sie diese Zeilen lesen, umkreisen Sie auf einem winzigen Planeten die Sonne mit einer Geschwindigkeit von – halten Sie sich fest – 107 280 Stundenkilometern. An diesem Tag sterben zwischen 50 und 70 Milliarden Zellen in Ihrem Körper und bilden sich etwa gleich viele neue. Ständig vollzieht Ihr Körper ohne Ihr aktives Zutun höchst komplexe Vorgänge wie etwa die Atmung, den Pulsschlag oder die Verdauung. Er lässt Wunden heilen oder gebrochene Knochen wieder zusammenwachsen. Und nichts davon haben Sie im Griff!

Natürlich, Kontrolle spielt in einzelnen Lebensbereichen eine wichtige Rolle – angefangen von der

Vorsorgeuntersuchung bei der Ärztin bis hin zur Materialprüfung bei einem Raumschiff. Doch der Wunsch, das Leben absichern zu wollen, gleicht dem kindlichen Versuch, den Himmel mit ein paar Stangen zu stützen.

Es klingt paradox: Wer sich von dem Wunsch verabschiedet, alles zu kontrollieren, wird mit mehr Vertrauen durchs Leben gehen. Wer die bleibende Offenheit und Ungewissheit akzeptiert, findet zu einer gelasseneren Haltung. Diese positive Rückkopplung lässt sich auch neurobiologisch aufzeigen: Erfahrungen oder Handlungen, die wir häufig wiederholen, verstärken die jeweils aktivierten neuronalen Strukturen im Gehirn. Durch stetige Wiederholung eines vertrauensvollen Verhaltens bilden sich entsprechende »neuronale Autobahnen« im Hirn, die uns vertrauensvoller unterwegs sein lassen. Und dies stärkt wiederum die Zuversicht und gibt Mut, sich in Zeiten der Unsicherheit auf echtes Neuland vorzuwagen.

4. Stolperstein: Warum ein halbiertes Leben nicht rund wird

Ein verbreitetes modernes Tabu lautet: »Es darf dir nicht schlecht gehen! Und wenn dir diese eigentlich vermeidbare Panne doch passiert, dann solltest du dieses Malheur schnellstmöglich beseitigen.«

Der subtile Druck, ständig gut drauf zu sein, schwächt die Kraft der Zuversicht! Denn erstens: Wenn ich immer nur »das Positive« im Leben erwarte und zu akzeptieren bereit bin, dann werde ich mich im Übermaß ängstigen, wenn Träume zerbrechen oder ich in eine Krise gerate. Und in dem Maß, in dem ich glaube: »Positiv denken ist gut. Sich mies fühlen ist schlecht«, verstärke ich jegliche schmerzhafte Erfahrung. Und ich schwäche meine innere Widerstandskraft, die Krise zu überwinden.

Zweitens: Ob wir wollen oder nicht – unser Leben bewegt sich in Polaritäten und Widersprüchen. Auch unser Gefühlsleben: Mal fühlen wir uns motiviert und mal gelangweilt, zärtlich und zornig, frustriert und begeistert, bedrückt und erleichtert, geborgen und verlassen. Und eben auch: ängstlich und zuversichtlich …

Die gängige Unterscheidung solcher Gefühle in »positive« und »negative« Empfindungen führt dazu, dass man einen Teil seines Gefühlslebens ablehnt. Nach dem einen Pol streben wir; den anderen werten wir ab und suchen, ihn zu meiden. Wir spalten und halbieren das Leben! Und damit schwächen wir unsere Kraft zur Zuversicht! Denn alle Gefühle – auch die sogenannten »negativen« – sind wichtig. Alle haben den ursprünglichen Sinn, beim (Über-) Leben zu helfen. Auch die Angst.

Ähnlich wie ein Kontrolllämpchen im Auto macht *Angst* auf eine Gefahr aufmerksam. Sie zeigt an, dass etwas nicht in Ordnung ist, und will eine Reaktion provozieren. So hat etwa in der Coronakrise die Angst zur rechten Zeit dazu geführt, Vorsicht walten zu lassen und Vorkehrungen zu treffen. Derart gewappnet gab es auch gute Gründe, zuversichtlich sein.

Es zeigt sich: *Angst und Zuversicht schließen einander nicht aus – im Gegenteil! Sie bilden eine Spannungseinheit. Sie brauchen sich gegenseitig.* Allein in ihrem Zusammenspiel können sie uns schützen. Einerseits vor einem Optimismus in Sektlaune, der kein Zaudern und Zögern kennt, weil ihm die Sensibilität für Gefahren fehlt. Und andererseits davor, dass wir uns von Angst lähmen und den Lebensmut rauben lassen.

Echte, geerdete Zuversicht kommt also nicht breitbeinig und lautstark daher, sondern sie kennt auch einen ängstlichen Schauder. Sie weiß um die Schwierigkeiten und ist sensibel für Gefahren. Sie verdrängt die Angst nicht, sondern »hegt sie ein«.

Daher gilt: Wenn Sie sich von Ihren Ängsten informieren lassen und entsprechend vorsorgen, um gut gerüstet zu sein, dann können Sie auch frohen Mutes weitergehen!

WELCHE GESCHICHTEN ERZÄHLEN WIR UNS?

Falls du glaubst, dass du zu klein bist, um etwas zu bewirken, dann versuche mal zu schlafen, wenn eine Mücke im Raum ist.

1. Beide behalten recht: die Optimisten und die Pessimisten

Die Zukunft bricht nicht einfach über uns herein und ist nirgends vorgeschrieben. Vielmehr hängt sie auch davon ab, welche Zukunftsvorstellungen und Erwartungen wir heute entwickeln und wie wir jetzt handeln. Die Zukunft beginnt hier und heute.

Exemplarisch zeigt das eine Studie des Psychologen Winfried Rief von der Universität Marburg. Er hat 124 Personen untersucht, die vor einer Herzoperation standen. Ein Teil von ihnen hat gemeinsam mit einem Psychologen Pläne entwickelt für die Zeit nach dem Eingriff: Was will ich nach drei Wochen wieder schaffen; was nach einem halben Jahr? – Eine Patientin malte sich eine Italienreise aus, eine andere sah sich ihre Balkonkästen bepflanzen, und ein Dritter stellte sich vor, wie er seinen Lieblingsweg entlangschlenderte. Die Patient*innen der Kontrollgruppe hingegen schmiedeten keine hoffnungsvollen Pläne.

Sechs Monate nach dem Eingriff stellte Rief fest: Diejenigen, die positive Pläne geschmiedet hatten, litten weniger an Beschwerden; sie waren körperlich aktiver und erfreuten sich einer besseren Lebensqualität als die Personen aus der Kontrollgruppe.

Natürlich, nicht jede Krankheit lässt sich mit positivem Denken überwinden! Und trotz Zuversicht wird nicht jedes Leiden behoben. Doch was bei den Herzpatient*innen greift, gilt für vieles im Alltag: Gehen wir Dinge zuversichtlich an, dann wird dies häufig zu einer *selbsterfüllenden Prophezeiung*. Wenn wir uns innerlich auf einen guten Ausgang einstellen, dann tun wir nämlich automatisch Dinge, die diesen guten Ausgang ermöglichen. Im genannten Beispiel: Patient*innen, die der Zukunft hoffnungsvoll entgegengehen, aktivieren unbewusst Selbstheilungskräfte, die die Genesung fördern. Auch bewegen sie sich häufiger, ernähren sich gesünder und tun ihrem Körper auch sonst mehr Gutes als jemand, der sich dem Medizinbetrieb hilflos ausgeliefert sieht.[2]

Zuversicht schafft also die Basis für Einstellungen und Verhaltensweisen, die sich förderlich auf die Lebenszufriedenheit auswirken und damit die anfängliche Zuversicht bestätigen. Es kommt zu einer positiven Verstärkung. Eine pessimistische Einstellung wirkt in die entgegengesetzte Richtung. Mit der Haltung: »Da kann man nichts machen.« bereitet man den Boden für negative Erlebnisse und verstärkt dadurch seinen ursprünglichen Pessimismus. Wer ständig in einen Abgrund starrt, den zieht es runter.

Am Ende behalten interessanterweise also beide recht: Sowohl die Zuversichtlichen als auch die Schwarzseher erfahren sich durch die jeweils unterschiedliche Entwicklung in ihrer Weltsicht bestätigt.

Wir kommen, wohin wir schauen

Es gibt zahlreiche Entwicklungen und Argumente, die uns persönlich und als Gesellschaft zermürben können. Es gibt aber auch unzählige Entwicklungen und Argumente, die Mut machen und Hoffnung wecken. Je nachdem, welche dieser Geschichten wir bevorzugt erzählen, verstärkt sich diese Dynamik. Die Zukunft wird also dadurch geprägt, welchen Erzählungen wir mehr Glauben schenken. Daher ist es so wichtig, darauf zu achten: Welche Geschichten erzählen wir uns als Einzelne und als Gesellschaft?

Diese Aufmerksamkeit ist umso entscheidender, als wir Menschen auf schlechte Nachrichten stärker anspringen als auf gute. (Daher rührt auch die journalistische Erfahrung: Bad news are good news.) Sowohl der normale Alltag als auch erfreuliche Entwicklungen erregen viel weniger Aufsehen als erschreckende Ereignisse (denken Sie an das weiße Blatt mit dem Punkt). Und so erscheint die Realität am Ende widriger, als sie eigentlich ist. Wer hingegen nach vorne schaut, dem oder der kann sich ein Weg zeigen.

Aus diesem Grund berichte ich in diesem Buch bewusst von Menschen, die in düsteren oder gar aussichtslos erscheinenden Situationen fähig waren, ihren Lebensmut zu bewahren. Von Frauen und Männern, die beispielhaft Zuversicht vorgelebt haben. Und ich erzähle »Geschichten des Gelingens«, die ermutigende gesellschaftliche Aufbrüche beschreiben.

2. Wirkliche Utopien

Es wimmelt von negativen Zukunftsbildern: die drohende Klimakatastrophe, Kriege um Wasser und Bodenschätze, Menschen auf der Flucht oder die Befürchtung, dass die zunehmende Digitalisierung zu Massenarbeitslosigkeit führt … Der Sozialpsychologe Harald Welzer versucht, die dunklen Szenarien dieser Welt zu brechen, indem er in unserer Zeit *andere* Geschichten aufspürt und weitererzählt – kreative, schöne, lebendige. »*Geschichten des Gelingens*«, die deutlich machen, dass es auch anders geht: sozial gerechter, ökologischer, nachhaltiger. Eine bessere Welt ist möglich – und zwar schon hier und heute!

Die Stiftung »Futurzwei« präsentiert Menschen und Projekte, die sich schrittweise in eine bessere Welt vorantasten. Ihre Geschichten beeindrucken mich. Da wäre zum Beispiel die von Lisa Prantner in Berlin. In ihrem Atelier veredelt sie Altkleider, denn »nichts ist nachhaltiger, als die Dinge so lange wie möglich im Gebrauch zu halten«. Dadurch verhindert sie, dass Kleidung – wie es in der Wegwerfgesellschaft Mode ist – im Müll landet.

Oder die Geschichte von Heini Staudinger, der im Waldviertel – dem strukturschwächsten Gebiet in Österreich – Schuhe, Taschen und Möbel produziert. Staudinger verwendet nach Möglichkeit nur Materialien aus der Region, versorgt seine Belegschaft mit biologisch erzeugten Lebensmitteln von benachbarten Höfen und zahlt sich selbst weniger Gehalt als seinen Arbeiterinnen und Arbeitern. Auf diese Weise hat er seine Belegschaft von zwölf auf heute 170 Mitarbeiter ausgebaut. Auf der Homepage bringt er die Unternehmensphilosophie knackig auf den Punkt:

»*Die drei Grundsätze*[3]

Die besten Grundsätze formuliert das Leben:

- Firmengrundsatz Nr. 1 ergab sich nach einer schweren Krise in der Firma: *Scheiss di ned au'*[4]
- Firmengrundsatz Nr. 2 war eine logische Folge. Nur mutig zu sein ist manchmal zu wenig, drum: *Bitte sei ned sooo deppad*[5]
- … und weil auch Einbrecher mutig und klug sein können, braucht es Firmengrundsatz Nr. 3: *Orientiere dich an der Liebe*«

Die drei Grundsätze können auch als Prinzipien für ein zuversichtliches Leben dienen:

- Lass dich nicht von der Angst lähmen.
- Tue alles, um Perspektiven und Lösungsansätze zu entwickeln.
- … Und wie würden Sie den dritten Grundsatz übersetzen?

Praxistipp: Seien Sie wählerisch!

Seien Sie wählerisch im Umgang mit dem, was Sie konsumieren an Nachrichten, Bildern, Filmen, Büchern … Manche Filme sind voller Gewaltszenen, andere wecken ungeahnte Ängste. Die Nachrichten werden meist von negativen Schlagzeilen beherrscht. Achten Sie daher auf das richtige Maß an Informationen, setzen Sie auf eine vertrauenswürdige Quelle und auf den passenden Zeitpunkt. Und auf einen guten Tagesausklang – etwa mit einem ruhigen Gespräch oder mit schöner Musik. Lassen Sie sich immer wieder anregen von mutmachenden Geschichten und greifen Sie zu entsprechenden Filmen oder Büchern.

Ein Zweites: Halten Sie die Augen offen für Menschen, die Ihnen beispielhaft Zuversicht vorleben und die ihr Dasein gestaltend in die Hand nehmen. Geben Sie in Ihren alltäglichen Gesprächen bewusst dem Positiven und Hoffnungsstiftenden Raum und suchen Sie sich Verbündete. Gemeinsam mit Gleichgesinnten können Sie Projekte verwirklichen, die Sie allein sich nie hätten träumen lassen.

Und schließlich: Treten Sie in belastenden Situationen mit Personen in Kontakt, denen Sie vertrauen und die Ihnen ein hilfreiches Gegenüber sind. Einen solchen Gesprächspartner oder eine Gesprächspartnerin können Sie im Freundes- und Familienkreis suchen. In einem guten Gespräch finden Sie wieder Zugang zu Ihrer Kompetenz, mit Problemen umgehen zu können. Bei hartnäckigen Krisen liegt möglicherweise eine therapeutische Begleitung nahe.

Um einem eventuellen Missverständnis vorzubauen, möchte ich an dieser Stelle betonen: Mit all dem soll natürlich nicht geleugnet werden, dass es unzählige Probleme und genügend Gründe gibt, um zu verzagen oder gar zu verzweifeln! Ja, es kennzeichnet die Zuversicht, dass sie solche Schwierigkeiten nüchtern in den Blick nimmt.

WAS ZUVERSICHT IST

1. Augen auf und durch!

Drei Frösche gehen auf Wanderschaft und fallen in einen Topf Sahne. »Ach, irgendjemand wird uns hier schon rausholen und uns retten«, denkt der erste Frosch optimistisch. Er schleckt von der leckeren Sahne, paddelt ein wenig auf und ab, wartet und wartet – und ertrinkt. Der zweite Frosch jammert pessimistisch: »Oje, was hilft es, wenn wir uns anstrengen? Es gibt keine Rettung. Wir sind verloren.« Lässt sich zu Boden sinken – und ertrinkt ebenso. Der dritte Frosch erkennt die schwierige Lage und kommt zu dem Schluss: »Da hilft wohl nur Strampeln!« Er strampelt und strampelt – bis er plötzlich feststellt, dass die Sahne zu Butter geworden ist. Der Frosch nimmt all seine Kraft zusammen, springt aus dem Krug heraus und ist gerettet.

Die bekannte Froschparabel verdeutlicht die Unterschiede zwischen einem blauäugigen Optimisten, einer trübsinnigen Pessimistin und einer zuversichtlichen Person.

Der naive Optimist sagt sich: »Es wird schon alles gut gehen!« Und fährt oft fort: »*Die* werden das schon machen …« Aber wer »die« sagt, meint damit die anderen (oder auch »den lieben Gott«), nicht sich selbst. Er hofft, dass jemand ihn aus dem Schlamassel rettet oder dass am Ende alles irgendwie wieder ins Lot kommt – und unterlässt es, selbst aktiv zu werden.

Die Pessimistin fixiert sich auf die Krise, die durch das Abwarten und Anstarren immer größer wird. Sie hält Zuversicht für eine optische Täuschung und denkt: »Das klappt nie!« Auch deshalb versäumt sie es, aktiv nach Lösungen zu suchen. So verlieren beide – Optimisten und Pessimisten – ihre Eigenverantwortung aus dem Blick und übersehen, dass ihr Beitrag zählt.

Eine zuversichtliche Person erkennt den Ernst der Lage. Sie nimmt die Schwierigkeiten wahr, lässt sich aber davon nicht lähmen. Vielmehr entdeckt sie zugleich auch Perspektiven, die sich auftun. Sie ist »possibilistisch« – eine Person also, die Möglichkeiten sieht. Und die den Mut und den Schwung hat, die vorhandenen Spielräume zu nutzen – und seien sie noch so klein. Ganz in diesem Sinn bezeichnet Gerhard Sauter die Hoffnung als eine Art *Spürsinn für das, was die Zukunft an positiven Möglichkeiten mit sich bringen könnte.*

Natürlich sind die Übergänge zwischen diesen Typen fließend, und vielleicht geht es Ihnen ähnlich wie mir: Es gibt Zeiten und Situationen, in denen ich mich mal mehr in dieser oder jener Haltung wiederfinde. Und doch haben wir alle unsere bevorzugte Sichtweise! Wenn Sie wahrnehmen, mit welchen Grundannahmen Sie unterwegs sind, dann bekommen Sie den Fuß in die Tür. Nun haben Sie die Wahl, wie Sie sich verhalten wollen: Ob Sie die vorhandene Grundhaltung weiterpflegen oder gegensteuern.

Eine Begriffsbestimmung

Wie lassen sich Zuversicht und Hoffnung – zwei Begriffe, die ich gleichlautend verwende – noch genauer fassen? Thesenartig auf den Punkt gebracht:

- Bin ich zuversichtlich gestimmt, dann bin ich innerlich auf eine bessere Zukunft ausgerichtet. Ich entwickle positive Zukunftsvorstellungen, und dadurch weitet sich mein Horizont über die aktuelle Situation hinaus. Anstatt ausschließlich auf den düsteren Moment zu starren, öffnet sich der Tunnelblick. Von der Zukunft her fällt ein Lichtschein in die Gegenwart.

Abstrakter ausgedrückt: Zuversicht richtet sich auf ein Gut, das in der Zukunft liegt. Darin unterscheidet sie sich von der Furcht, die sich auf ein zukünftiges Übel bezieht und den gegenwärtigen Augenblick eintrübt.

- Bin ich zuversichtlich, dann halte ich das Erhoffte für möglich – im Unterschied zur Verzweiflung, die es als unerreichbar ansieht.
- Hoffen heißt nicht, dass einem Angst und Verzweiflung fremd sind! Denn zum einen ist die Hoffnung hellsichtig für das Schwierige und Leidvolle. Zum anderen keimt Hoffnung gerade dort auf, wo unsere leichtfüßige Unbeschwertheit ins Stocken geraten ist. Wo sich Bangen und Ungewissheit einstellen. In dem typischen Begriffspaar »hoffen und bangen« schlägt sich diese Erfahrung nieder.
- Die Hoffnung als »Leidenschaft für das Mögliche« (Paul Ricoeur) lässt uns tätig werden, um das Erhoffte zu verwirklichen. Wie der Wunsch der Vater des Gedankens ist, so ist die Hoffnung die Mutter der Tat. Sie bewirkt, dass wir handeln, gestalten und Ideen verwirklichen. Darin unterscheidet sich Zuversicht vom bloßen Wünschen und von einem naiven Optimismus.
- Zuversicht hängt mit Vertrauen zusammen; mit dem Vertrauen in sich selbst und in die Fähigkeit, mit Schicksalsschlägen umgehen zu können. Mit

dem Vertrauen in andere. Und mit einem Vertrauen ins Leben; in eine höhere Macht, die es gut mit einem meint. Religiös gesprochen: mit Vertrauen in Gott.

2. Die Kraft der Zuversicht

Geduld ist Fitnesstraining für die Zuversicht.

Sind wir zuversichtlich gestimmt, dann stärkt dies unsere Bereitschaft und Fähigkeit, auf den Prozess des Reifens und Wachsens zu vertrauen. Anders gesagt: Hoffnung ermöglicht Geduld. Und umgekehrt: Geduld ist ein Wesenselement von Hoffnung.

Aber Geduld hat einen schlechten Ruf. Sie ähnelt einem Fahren mit angezogener Handbremse und hat den Beigeschmack von Untätigkeit. Doch weder hat sie etwas mit kraftloser Schwäche zu tun noch mit bequemer Gleichgültigkeit, im Gegenteil! Drei Hinweise zum inneren Zusammenhang von Zuversicht und Geduld:

Geduld lehrt uns – in Kooperation mit der Zuversicht – die *Kunst der kleinen Schritte*, anstatt dass wir zu schnell zu viel verlangen. Sie befähigt uns, beharrlich weiterzugehen, auch wenn wir dem Ziel nur langsam näher kommen und der Weg dorthin steinig ist. Geduld hat etwas mit gezähmter Leidenschaft zu tun, und sie führt zu tatkräftiger Zuversicht: Anstatt verärgert oder resigniert das Handtuch zu werfen, lässt sie uns dranbleiben an dem, was wir erstreben oder erhoffen. Wir verfolgen – inneren und äußeren Widerständen zum Trotz – das, was wir als richtig und sinnvoll erkannt haben.

Zweitens: *Geduld kann warten.* Darin unterscheidet sie sich von der Ungeduld, die den Dingen, Menschen und Entwicklungen nicht ihre *Eigen*-Zeit lässt. Ungeduld will verbissen Dinge erzwingen, und so haftet ihr etwas Aggressives an. Als ob Gras schneller wachsen würde, wenn man daran zieht … Auf den Punkt gebracht: Ungeduld ist Gewalt auf der Ebene der Zeit! Geduld hingegen erzwingt nichts. Sie weiß, dass Lebens- und Wachstumsprozesse einfach *ihre* Zeit brauchen. So haben etwa Gefühle wie Trauer, Wut oder Angst ihren eigenen Rhythmus. Und bis sich in Krisen das innere Chaos ein wenig ordnet und eine Einsicht heranreift, braucht es einfach *seine* Zeit. Mit einem Aphorismus aus China ausgedrückt: Nicht durch das Aufschlagen, sondern durch das Ausbrüten wird aus einem Ei ein Küken.

Bringt beispielsweise ein Lehrer einer schwachen Schülerin Geduld und Hoffnung entgegen, dann traut er ihr Entwicklungspotenziale zu. Er baut darauf, dass sie in das, was sie heute noch nicht vermag, morgen hineinwachsen kann. Oder: Stecke ich selbst mitten in der Krise, dann sehe ich oft nicht das berühmte Licht am Ende des Tunnels. Bewahre ich in dieser Situation Zuversicht, dann bestärkt mich dies darin, Geduld für das eigene Schicksal aufzubringen. Ich habe die Ausdauer und Kraft, einen Fuß vor den anderen zu setzen und das Dunkel zu ertragen.

Hier kommt ein dritter Aspekt von Geduld ins Spiel: Das Wort »Geduld« stammt vom lateinischen Wort »pati« ab und bedeutet *leiden, erdulden*. Das Leben mutet uns immer wieder Mühsames oder Leidvolles zu, das sich weder abschaffen noch ändern lässt – etwa ungewollte Kinderlosigkeit, das Abnehmen der eigenen Kräfte oder auch einfach nur ein verregneter Sommerurlaub oder ein nerviger Bürokollege. Doch auch wenn sich daran nichts ändern lässt, so bleibt immer noch eine letzte Wahl: Verbleibe ich auf Dauer im inneren Widerstand – eine Haltung, mit der ich den Leidensdruck treffsicher verstärke? Oder will ich Leid und Schmerz als einen normalen Teil des Lebens aushalten und akzeptieren lernen? Übe ich mich in Geduld und versuche, die Situation gefasst hinzunehmen? Hier ist Tapferkeit gefordert – eine Gefährtin der Geduld, wie der antike Philosoph Aristoteles betont.

Wer zu einer solchen Annahme des Widrigen findet, legt das Fundament für eine tiefe und tragfähige Zuversicht: eine positive Haltung dem Leben gegenüber auch in unerfreulichen Situationen. Ein Offensein für das, was kommen wird, im Vertrauen darauf, nicht zu zerbrechen.

Was Zuversicht ist, geht mir persönlich anschaulich auf, wenn ich die Natur beobachte. Beeindruckt hat mich, als ich vor einigen Jahren entdeckte: *Die Sonnenblume wendet noch in der Nacht ihren Kopf in jene Richtung, wo die Sonne aufgeht.*

Ähnlich macht es die Hoffnung! Wer hofft, wendet sich dem Licht einer wünschenswerten Zukunft zu. Dieses Licht erhellt die Gegenwart. Es treibt einen an, sich zu engagieren und so zu leben, dass man dem Erhofften einen Weg bahnt. Es stiftet an, die Gegenwart so zu gestalten, dass man die erhoffte Zukunft herbeiführt. Wichtig: Die Zuversicht entfaltet hier und jetzt ihre Wirkung – unabhängig davon, ob das Erhoffte in der Zukunft auch Wirklichkeit werden wird! Und selbst wenn sich die Hoffnung nicht erfüllen sollte, wird ihr Licht unser Leben erhellt haben.

Eine solch zuversichtlich-tatkräftige Haltung lebt Greta Thunberg mit ihrem Streik für das Klima vor, der im September 2019 allein in Deutschland 1,4 Millionen Menschen auf die Straßen gebracht hat. Im Gespräch mit Anne Will antwortet sie auf die Frage nach der Quelle ihrer »radikalen Entschlossenheit«: »Ich bin Realistin. Ich sehe Fakten.« Sie habe nichts Besonderes erwartet, als sie als fünfzehnjährige Schülerin im August 2018 vor dem schwedischen Parlament zu demonstrieren begonnen habe. »Ich wollte nur alles tun, was in meiner Kraft liegt, um Aufmerksamkeit auf die Klimakrise zu lenken.« Gefragt, ob sie keine Angst habe, dass ihre Mission scheitern könne, antwortet sie ruhig: »Ich habe keine Mission. Mein Ziel ist einfach nur, alles zu tun, um die Erde zu einem besseren Ort zu machen.« Sie habe gelernt, dass man nie zu klein dafür ist, um nicht doch etwas zu bewirken.

Hätte Greta Thunberg nur an ihre Erfolgsaussichten gedacht, hätte sie ihren Klimastreik wohl nie begonnen. Sie ließ sich nicht von der Perspektive auf ein Happy End, sondern von Werten leiten, die ihr am Herzen liegen. Und hier stoßen wir auf weitere Kennzeichen von Zuversicht:

Zuversicht kann sich im Protest zeigen – auch im Protest gegen die Versuchung, mit Blick auf schlimme Gegebenheiten zu resignieren. Sind wir zuversichtlich gestimmt, sagen wir dazu entschlossen *Nein,* weil wir einen »Sinn für das Mögliche« haben. Weil wir darauf setzen, dass mehr Gutes möglich sein kann und wirklich sein soll, als es jetzt der Fall ist. Und damit kommt eine wichtige Quelle von Zuversicht in den Blick: Die Überzeugung, dass das, was man tut, einen Wert hat – auch in schwierigen Umständen oder in entmutigenden Entwicklungen. Wer nur den äußeren Erfolg im Blick hat, gibt leicht frustriert auf, wenn die Dinge nicht so laufen wie erhofft. Wer hingegen seiner inneren Überzeugung folgt, bleibt auch angesichts von Widerständen stabil.

3. Renaturierung der Seelenlandschaft

Sebastião Salgado hat in die Abgründe menschlicher Existenz geschaut wie nur wenige. Jahrzehntelang war der weltbekannte Fotograf in vielen Gegenden der Erde unterwegs, wo grauenvolle Konflikte das Leben der Menschen beherrschten: Monatelang lebte er mit den Hungernden und Sterbenden in der Sahelzone. Er fotografierte die berüchtigte brasilianische Goldmine von Serra Pedal, wo 50 000 Menschen für ein Quäntchen Gold aus einem riesigen Krater Erde nach oben schleppten.[6] Er reiste durch vierzig Länder und fotografierte Menschen auf der Flucht und in Lagern: verzweifelte Familien, die sich durch endlose Steppen dahinschleppen, Männer mit ausgemergelten Alten auf ihrem Rücken oder Frauen mit sterbenden Kindern in ihren Armen. Er war Zeuge beim Völkermord in Ruanda und sah Tausende sterben.

Irgendwann um die Jahrtausendwende herum war Salgado am Ende. Er wurde krank, konnte nicht mehr essen, und sein Immunsystem spielte verrückt. An Fotografieren war nicht mehr zu denken. Er stürzte in eine tiefe Verzweiflung: »Ich hatte den Glauben an die Spezies Mensch verloren. Ich habe so schreckliche Dinge gesehen, so viel Brutalität, so viel Gewalt. Mein Geist und meine

Seele waren krank«, erklärte Salgado im Interview der Deutschen Presse-Agentur im Jahr 2019.

Sebastião und Lélia Salgado zogen sich zurück an den Ort, wo er aufgewachsen war: auf die »Fazenda«, eine 300-Hektar-Farm seines Vaters. Doch das Paradies der Kindheit war verschwunden. Auch dort hatte die Apokalypse gesiegt. Abholzung, Erosion und Dürre hatten den einst üppig grünen Regenwald in eine staubige Einöde verwandelt, in der das Vieh starb und das Wasser versiegte.

Vielleicht hätte sich Sebastião in dieser Situation endgültig aufgegeben, wäre da nicht seine Frau Lélia gewesen. Und ihre Idee, den Regenwald wieder aufzuforsten. Die beiden begannen, das Unmögliche zu versuchen: d ie Hügel und Täler wieder zu begrünen. Sie pflanzten mit ihren Helfern einen Baum nach dem anderen (bis 2019 etwa 2,7 Millionen Bäume); sie bohrten Brunnen und zogen Bewässerungsgräben … Nach einigen Jahren begann das Land, sich langsam zu erholen. Tiere kehrten zurück – 170 Vogelarten, Krokodile, Jaguare, Affen … –, Quellen sprudeln, Bäche fließen, und sogar Wasserfälle haben sich wieder gebildet. Ein gesunder Dschungel ist entstanden; ein Naturparadies.

Lélia und Sebastião staunen über die Schönheit der Natur und über deren Kraft, sich zu regenerieren. Und Sebastião erfährt an sich die Selbstheilungskräfte des Lebens. Er wird gesund und gründet mit seiner Frau das »Instituto Terra«, eine Einrichtung, die Biodiversität und Ökosysteme wiederbelebt. Und er greift wieder zur Kamera – mit einem neuen Fokus: Er fängt in seinen Bildern die Schönheit, die Zerbrechlichkeit und Widerstandskraft der Natur ein. 2019 erhält er als erster Bildkünstler den Friedenspreis des Deutschen Buchhandels.

Sebastião Salgado hatte die Untiefen der Menschheit ausgelotet und ging dabei fast selbst zugrunde. Was hat ihn am Leben gehalten und geholfen, aus der abgründigen Verzweiflung herauszukommen? Was hat ihm die Kraft gegeben, zu gesunden?

Da ist zuallererst die *Liebe* von Lélia und Sebastião! Lélia gehöre der Friedenspreis genauso wie ihm, betonte er anlässlich der Preisverleihung. Und in der Tat, liebevolle Beziehungen gehören zu den besten Lebens-Mitteln gegen Verzweiflung und für Zuversicht.

Eine zweite Quelle: Sebastião ließ sich berühren und ergreifen von der unermesslichen *Schönheit* unseres Planeten. Staunend nahm er den Lebensdrang der Natur wahr und ihre Fähigkeit, sich selbst zu heilen. Er freute sich am Rauschen der Bäche und den zahlreichen Grüntönen des Regenwaldes. Sebastião beschäftigte sich also nicht nur mit seinem Elend, sondern blickte über den Tellerrand hinaus. Er kreiste nicht nur um sich, sondern war fähig, sich für anderes zu interessieren und zu begeistern. Bis dahin, dass ihm die Rettung der bewahrenswerten Natur zunehmend wichtiger erschien als die eigene Person.

Und damit ist eine dritte Quelle seiner Zuversicht angesprochen: sein kraftvoll-entschiedenes *Engagement,* das ihn selbst mit Glück und Sinn erfüllte – die Renaturierung des Regenwaldes und die Gründung des »Instituto Terra«. »Das hat mein Leben so viel glücklicher – und so viel wichtiger – gemacht«, sagte Salgado in einem Interview mit der Deutschen Presse-Agentur.

In seiner Dankesrede bei der Verleihung des Friedenspreises kam Salgado auf seine Zweifel an der Menschheit und auf seine Hoffnung zurück: Der Zweifel dürfe nicht die Hoffnung nehmen, dass etwas anderes möglich sei!

Hier scheint mir ein weiterer Grund seiner Zuversicht zu liegen: Salgado zeigt, dass Hoffnung und Zuversicht auch mit einer *Entscheidung* verbunden sind. Irgendwann – und wahrscheinlich immer wieder neu – muss man sich entscheiden, auf welche Seite man sich stellen will: Auf die Seite des Zweifels – oder des Mutes. Auf die Seite der Angst – oder der Zuversicht.

Beide Seiten haben ihre Gründe! Aber welcher will ich mich mehr zuneigen? Und wie will ich mich verstehen: Als jemand, die in einer Krise den Kopf hängen lässt? Oder als eine Person, die sich auch in schwierigen Situationen aufrichtet und nach vorne schaut? Kein Ratgeberbuch dieser Welt kann mir diese Entscheidung und Verantwortung abnehmen!

Nelson Mandela schreibt: Mögen deine Entscheidungen deine Hoffnungen widerspiegeln, nicht deine Ängste!

ZUVERSICHT WOHNT IM KÖRPER

Zuversicht betrifft den ganzen Menschen! Alle unsere Kräfte sind involviert: der Körper, Gefühle und Gedanken, Wille und Vorstellungskraft, Haltungen und Verhalten. Um Zuversicht zu wecken, braucht es daher einen ganzheitlichen Prozess. Die verschiedenen Kräfte und Fähigkeiten wollen einbezogen werden. Um Zuversicht zu stärken, bietet es sich an, mit dem Naheliegendsten und Einfachsten zu beginnen: mit der Aufmerksamkeit gegenüber dem eigenen Körper.

1. Vom Wert der aufrechten Haltung

Körper und Geist bilden eine Einheit und beeinflussen sich gegenseitig. Das beginnt bereits bei der Haltung. Wenn Sie daran zweifeln, dann erproben Sie doch einmal diese Anleitung zum Traurigsein: Setzen sie sich zusammengesackt auf das Sofa, lassen Sie den Kopf hängen, ziehen Sie die Mundwinkel nach unten, atmen Sie flach und summen Sie leise einen melancholischen Song vor sich hin. Wenn Sie diese Übung einige Zeit durchhalten, dann wird auch Ihre Stimmung mit der Zeit vermutlich in den Keller gehen …

Eine gebeugte Haltung fördert eine niedergedrückte Stimmung – und umgekehrt lässt, wer traurig ist, die Schultern hängen. Eine aufrechte Haltung hingegen weitet den Blick und stärkt die Zuversicht – und diese wiederum richtet einen auf. Haltung, Mimik und Bewegung wirken unmittelbar auf unsere Stimmung zurück und umgekehrt – wie in einem ständigen Pingpongspiel. Ein altes Erfahrungswissen, das in der Psychologie in einem noch jungen Forschungsfeld unter dem Stichwort Embodiment (»Verkörperung«) untersucht wird.

Natürlich haben Gefühle ihre Berechtigung, und vor allem haben sie einem auch Wichtiges zu sagen. Es geht also nicht darum, sie mittels körperlicher Techniken auszuschalten. Wohl aber lohnt es sich, diese einfache Methode der Beeinflussung zu nutzen.

Wie das Handy Haltung und Laune verdirbt

Das Smartphone ist ein konkretes Anwendungsbeispiel, wie die Körperhaltung die Tendenz fördert, positive oder negative Informationen zu verarbeiten: Beim Gebrauch des Handys neigt man normalerweise den Kopf weit nach unten, Schultern und Oberkörper sinken nach vorn – eine Haltung, die sich typischerweise mit negativen Gefühlen wie Traurigkeit, Ängstlichkeit und Schuldbewusstsein verbindet. Um die Zeichen auf dem kleinen Bildschirm besser lesen zu können, ziehen viele zusätzlich noch die Augen zusammen – und aktivieren damit die gleichen Muskeln im Gesicht, wie wenn man beunruhigt ist oder sich über etwas ärgert. Der sogenannte »iPhone-Buckel« stimmt das Gehirn auf Negatives ein. In der Folge erinnert man sich eher an den Streit als an das nette gemeinsame Essen oder ärgert sich über den Regenguss, anstatt froh zu sein, den Schirm dabeizuhaben. Wer positiv gestimmt ist, nimmt die Dinge anders. Etwa jene Spaziergängerin, der eine Schwalbe ihre weiße Bluse beschmutzt. Und sie denkt erleichtert: Was für ein Glück, dass Kühe nicht fliegen können!

2. Nicht von Sinnen sein

Unsere fünf Sinne gleichen Fenstern und Türen zur Welt. Über sie erreichen wir die Welt, und die Welt erreicht uns. Mit unseren Sinnen kommen wir in Tuchfühlung mit dem, was um uns herum geschieht, und Menschen und Situationen können uns etwas »sagen«. Es entstehen Kontakt (lat.: contingere = berühren), Beziehung und Resonanz.
Ob Menschen ihr Leben als sinnvoll erfahren, hat oft damit zu tun, ob sie in einer lebendigen Beziehung stehen zu anderen, zur Natur oder auch zu einer Tätigkeit. Sinn und Sinnlichkeit gehören zusammen! Und genau an diesem Punkt hakt es: Die Erfahrung von Sinn wird häufig schon dadurch verbaut, dass wir mit unseren Sinnen nicht im Augenblick präsent sind.

Wenn mir der Alltag nichtssagend und *absurd* vorkommt, dann kann dies also daran liegen, dass ich taub (lat.: *surdus*) bin für das, was mir begegnet. Bin ich zu beschäftigt, dann werde ich das, was ich spüre oder sehe, nicht empfinden – geschweige denn wertschätzen. Eingespannt in den Funktionsmodus, habe ich »keinen Sinn« mehr für das, was mir entgegenkommt. Und wenn ich mit hoher Geschwindigkeit durchs Leben rase, dann vergehen mir bei diesem Tempo Hören und Sehen.

Nimmt jemand hingegen die Welt mit seinen

Sinnen achtsam wahr, dann kommt er an im Hier und Jetzt. Und dies ist von besonderer Bedeutung, gerade auch in Krisenzeiten, wenn etwa der Ärger über zerschlagene Pläne oder die Angst vor dem Kommenden nach einem greift. Der eigene Körper wirkt – ähnlich wie der Atem – wie ein Anker, der im jeweiligen Moment Halt gibt. Weder die Macht der Vergangenheit noch die der Zukunft reichen hierher. Vielmehr muss man schon gedanklich in die Vergangenheit oder Zukunft auswandern, um sich über Zurückliegendes zu ärgern oder um Zukünftiges zu sorgen. Also: Kommen Sie so oft wie möglich in die Gegenwart.

Praxistipp: Wahrnehmen, nicht aufnehmen

Nutzen Sie die vielen kleinen Zeitinseln, die der Alltag bereithält, etwa die Zeit, die der PC zum Hochfahren benötigt, das Warten an der Bushaltestelle oder das Anstehen an der Supermarktkasse. Solche Zeitinseln bieten die Chance, aus dem Funktionsmodus auszusteigen und bewusst wahrzunehmen, was jetzt gerade um Sie herum und in Ihnen geschieht.

Auch ist es sinnvoll, dem Bedürfnis entgegenzuwirken, schöne Augenblicke festhalten zu wollen. Denn dadurch distanzieren Sie sich von diesen. Da dreht jemand ein Video vom tosenden Meer, anstatt den Wind in den Haaren und die Gischt auf der Haut zu spüren. Da schießt jemand von seinen tobenden Kindern ein Foto nach dem anderen, anstatt mitzuspielen. Gönnen Sie sich die Gelegenheit, im Hier und Jetzt einfach da zu sein. Denn nur Augenblicke, in denen Sie ganz gegenwärtig sind, nähren seelisch.

3. Im Fluss des Lebendigen

Geburt des Morgens

der letzte Stern
gibt der Amsel den Einsatz

im Crescendo des Lichts
wächst die Erwartung des neuen Tages

der erste Sonnenstrahl
bricht sich in den Nachttränen

tausendfaches Aufblitzen im Tau
als habe sich der Sternenhimmel

in den Grashalmen verfangen
alle Farben werden neu erfunden

ein Atemzug Ahnung
vom ersten Schöpfungstag

Andreas Knapp[7]

Ich liebe es, in aller Frühe aufzustehen und in den Morgen hineinzuwandern. So auch in dem Frühling, den ich nach dem Coronapandemie-Winter besonders herbeigesehnt hatte. Es faszinierte mich, als ich aufs Neue spürte: Die Kraft des erwachenden Lebens ist viel größer als alles, was ich mir in dunklen Tagen vorstellen kann! Der Frühling weckt Hoffnung in mir. Oder wenn ich beobachte, wie sich im Herbst das Laub verfärbt und zu Boden fällt und die Bäume sich auf diese Weise »aktiv zur Ruhe setzen«, um die dunkle Jahreszeit zu überstehen: Dann stimmt mich auch das zuversichtlich, denn es deutet auf einen neuen Anfang hin.

Viele Menschen erleben die Natur als eine ihrer größten Quellen in Sachen Zuversicht. Das zeigt auch das »Hoffnungsbarometer«, das von Andreas Krafft, dem Leiter des »Internationalen Forschungsnetzwerks des Hoffnungsbarometers«, und seiner Studiengruppe seit 2009 jährlich erhoben wird: Seit über zehn Jahren rangiert die Natur – nach Freunden und Familie – als zweitwichtigste Quelle von Hoffnung und Zuversicht.[8]

Dieses Ranking wundert nicht, stellt sich doch gerade in der Natur die Erfahrung von Resonanz ein. Im Freien fühlen wir uns mit der Natur verbunden, werden von ihr angesprochen. Denn Natur ist nicht nur Umwelt, sondern vor allem auch Mitwelt. Wir kommen aus der Natur und sind ein Teil von ihr. Daher können uns andere lebendige Wesen – Tiere, Blumen, Bäume … – auf einer tiefen Ebene ansprechen. Das funktioniert nicht über den Verstand; dazu brauchen wir das Sinnliche. Wir müssen den Wind auf der Haut spüren oder die Vögel singen hören … Die Natur hilft zu spüren, was es heißt, lebendig zu sein. Ohne Worte verstehen wir: »Ich bin Leben, das leben will, inmitten von Leben, das leben will.« (Albert Schweitzer)

4. Wenn ich gehe, geht's mir gut

Gehen und Wandern wirken sich vielfach positiv aus – und zwar nicht nur auf die körperliche Gesundheit, sondern ebenso auf das seelische Wohlbefinden. Setzen wir uns in Bewegung, bringen wir Lebenskräfte in Gang – bis hin zur Aktivierung jener Gehirnstrukturen, die uns mit der Ausschüttung von Glückshormonen belohnen. Im Gehen lösen sich Blockaden; Ziele kommen wieder in den Blick. Wenn sich Gedanken und Gefühle zu einem festen Knäuel verknotet haben, schafft das Gehen äußeren und inneren Raum. Das Schauen in die Ferne oder in das tiefer gelegene Tal mit seinen winzigen Häusern weitet den Blick. Wir gewinnen ein Stück Distanz zu dem, worin wir vorher verstrickt waren. Sorgen relativieren sich, und neue Perspektiven tun sich auf.

Eng damit verbunden: Wandern fördert die menschliche Kreativität. Und es bringt einen am dichtesten an die Welt heran. Denn beim Gehen kann das Gehirn mit den Füßen Schritt halten – im Unterschied zu anderen, schnelleren Fortbewegungsweisen. Das liegt daran, dass unsere Sinnesorgane pro Sekunde nur ein gewisses Maß an Informationen verarbeiten können. Im Umkehrschluss bedeutet dies: Die erlebte Realität wird umso ärmer und oberflächlicher, je rascher man unterwegs ist.

Schrittgeschwindigkeit! – Eine Aufforderung, die den Verlust an Strecke und Zeit befürchten lässt. Dabei verspricht Schrittgeschwindigkeit mindestens ebenso viel Gewinn, nämlich an Erlebnissen, Eindrücken, Einsichten und an Erinnerungen, die lange lebendig bleiben. Man muss es ja nicht gleich wie die Flaneure im 19. Jahrhundert machen: Um 1840 gehörte es, so Walter Benjamin, »zum guten Ton, Schildkröten in den Passagen spazieren zu führen. Der Flaneur ließ sich gern sein Tempo von ihnen vorschreiben«.

Praxistipp: Lassen Sie sich doch öfter mal gehen …

5. Ich schraube, also bin ich

Schwierige oder aussichtslos erscheinende Situationen können ein Gedankenkarussell von Ängsten und Sorgen in Gang setzen – bis dahin, dass man innerlich rotiert und sich ohnmächtig fühlt. In solchen Fällen führt es weiter, handwerklich und kreativ tätig zu werden. Denn beides stärkt das positive Gefühl, selbst etwas bewirken zu können.

»Ich schraube, also bin ich« – so lautet der Titel eines Buches von Matthew B. Crawford. Der promovierte Philosoph war geschäftsführender Direktor in einem sogenannten Thinktank in Washington, D.C. Sein fantastisch bezahlter Job ließ ihn innerlich verarmen, und seine Arbeit erschien ihm zunehmend sinnlos. Er schlitterte in eine Krise, hängte seinen Beruf an den Nagel und gründete eine Motorradwerkstatt. Jetzt repariert er glücklich Vergaser – und denkt in seinem Buch über jene Art von »eigenwilliger Lebhaftigkeit« nach, die geweckt wird, »wenn wir Dinge tatsächlich selbst in die Hand nehmen, sei es, um sie zu reparieren, sei es, um sie herzustellen«.

Eine typische Erfahrung: Wer sich Problemen hilflos ausgeliefert fühlt, tut gut daran, Hand anzulegen und zu handeln. Denn im Bearbeiten von Materie begegnen wir einer handfesten Wirklichkeit, auf die wir uns stützen können. Der Eindruck, dass der Boden schwankt, erhält ein Gegengewicht. Und wenn wir etwas machen – gärtnern, kochen, hobeln, heimwerken … –, dann spüren wir, *tat*sächlich etwas gestalten zu können. Das Ohnmachtsgefühl wird eingegrenzt, und es weitet sich ein Raum für Zuversicht.

In ähnlicher Weise verringern kreative Tätigkeiten wie Malen, Singen, Dichten oder Musizieren das Ohnmachtsgefühl. Die vielleicht einfachste Weise, um sich von Sorgen nicht überwältigen zu lassen, ist das Schreiben. Hier kann man unzensiert weinen, klagen, schimpfen und sich alles von der Seele schreiben. Das Niederschreiben der eigenen Befürchtungen schafft Distanz: Ich wechsle die Perspektive und schaue wie von außen auf meine schwierige Situation – so ähnlich, wie eine Ärztin die Krankheitssymptome sieht, aber auch Heilungsmöglichkeiten entdeckt.

In eindrücklicher Weise erlebte der Schauspieler und Schriftsteller Joachim Meyerhoff, wie das Schreiben von Geschichten zur Heilung beitragen kann. Mit 51 Jahren erlitt er einen Schlaganfall. In seinem autobiografischen Buch »Hamster im hinteren Stromgebiet« ringt Meyerhoff um die Kontrolle über seine linke Körperhälfte, um seine Privatsphäre und bald auch um Worte und Bilder für seinen Zustand. Das Schreiben ist für ihn Selbstermächtigung: »Es geht um Deutungshoheit. Erzählt die

Krankheit mich, oder erzähle ich mir die Krankheit?«[9]

Wenn mich persönlich eine Not stark bedrängt, rufe ich mir diesen Hinweis in Erinnerung. Und schreibend werde *ich* zur Erzählerin, die wahrnimmt, benennt, analysiert, deutet. Und Zukunft entwirft … Die positiven gesundheitlichen Auswirkungen des Schreibens werden in vielen Studien eindrücklich belegt, etwa die Aktivierung des Immunsystems. Besonders praktisch an dieser Therapie: Sie ist nahezu kostenlos, ohne Nebenwirkungen und überall anwendbar. Und was glauben Sie wohl, warum ich in Zeiten der Pandemie dieses Buch geschrieben habe …

6. Durch einen guten Rhythmus intakt bleiben

Es wird erzählt, dass der alte Apostel Johannes gern mit einem zahmen Rebhuhn spielte. Eines Tages kam ein Jäger zu ihm und wunderte sich, dass ein so angesehener Mann spielte. Er hätte doch in der Zeit etwas Sinnvolles tun können. Deshalb fragte er: »Warum verschwendest du deine Zeit mit Spielen?« Johannes schaute ihn verwundert an, deutete auf den Bogen des Jägers und fragte nach: »Warum hältst du diesen Bogen nicht ständig gespannt?« Für den Jäger war die Antwort klar: »Wenn ich das tue, verliert er seine Spannkraft und versagt im entscheidenden Augenblick!« Johannes antwortete: »Wenn ich mich entspanne und einfach spiele, dann habe ich im entscheidenden Augenblick die Energie, das zu tun, was meine ganze Spannkraft fordert.«

Der Rhythmus von Aktivität und Passivität, von Anspannung und Entspannung, von Einatmen und Ausatmen prägt alles Lebendige. Je nachdem, wie wir diesen Takt berücksichtigen – in der Gestaltung eines Tages, eines Monats, eines Jahres, eines Lebensabschnittes –, gewinnt die Zeit an Maß und Kontur.

Viele leiden daran, dass ihr Leben nicht ausgewogen ist. Eine drängende Aufgabe jagt die nächste.

Wichtiges kommt unter die Räder, und sie hecheln dem Leben hinterher.

Im Ordensleben werden fünf Prioritäten genannt, die dazu beitragen sollen, das Leben »intakt« zu gestalten. Mir persönlich helfen diese Leitsätze vor allem in turbulenten Zeiten, darauf zu achten, worauf es ankommt. Die Prioritäten finden sich bereits im vierten Jahrhundert bei den sogenannten Wüstenvätern und sind in den vergangenen Jahren durch den Ordensmann Franz Jalics bekannt worden.

Die erste Priorität gilt dem *Schlaf*. Und in der Tat: Unausgeschlafen ist der Mensch energielos und missmutig. Man funktioniert vielleicht noch, aber alles wird mühsam. Die Kraft, um Krisen zu bewältigen, wie auch die Zuversicht werden ausgehöhlt. Gut ausgeschlafen gestalte ich meinen Tag spürbar leichter und freudiger. Ich verfüge über mehr innere Stärke und Kreativität, um die täglichen Herausforderungen anzugehen.

Den zweiten Platz der Liste nimmt die Sorge für den *Körper* ein: ausreichend Bewegung, regelmäßige und ausgewogene Ernährung … Alles, was zu einer guten Verfassung des Körpers beiträgt – und damit zugleich auch zum seelischen Wohlbefinden.

An dritter Stelle stehen *Gebet und Meditation*. Menschen, die keinen Bezug zu Spiritualität und Glauben haben, denken möglicherweise: »Das brauche ich nicht!« Vielleicht erschließt sich ihnen folgender Aspekt dieser dritten Priorität, den Johann B. Metz so auf den Punkt bringt: »Die kürzeste Bedeutung von Religion ist Unterbrechung.« Es braucht Unterbrechungen; Freiräume, in denen wir aus einem Abstand heraus unseren Alltag betrachten und über unsere Motive und Wünsche nachsinnen. Nur so werden wir fähig, in einer wachen Beziehung zum Leben zu stehen – und nicht nur gewohnheitsmäßig dahinzuleben.

Die vierte Priorität gilt den *Beziehungen*. Dabei sind jene Menschen am wichtigsten, denen wir am nächsten stehen. Zur Pflege dieser Beziehungen gehört, dass wir auch zweckfrei miteinander Zeit verbringen; dass wir also, ohne etwas vom anderen zu wollen, unsere Zeit miteinander teilen.

Erst an fünfter Stelle folgt die *Tätigkeit* oder *Arbeit*. Denn von dieser gibt es meist mehr als genug, und sie meldet sich gewöhnlich auch lautstark zu Wort. Die Arbeit wird umso besser gelingen, je ausgewogener der Alltag ist. Wenn also die ersten vier Prioritäten zu ihrem Recht kommen und man beispielsweise nicht in die Arbeit flüchtet, um vor Beziehungsstress zu fliehen oder um vor sich selbst auszuweichen.

Die Prioritätenliste bietet Ihnen bei konkreten Entscheidungen eine Orientierungshilfe. Wenn Sie nach einem anstrengenden Tag auf Ihren Körper hören, so legen Sie sich aufs Ohr und schlagen sich nicht noch die halbe Nacht um die Ohren. Denn Sie werden nur dann langfristig Ihre Beziehungen, ein spirituelles Leben und Ihre Tätigkeiten erfüllt leben können, wenn Sie auf Ihren Körper achten. Und Ihr Alltag wird sich auf lange Sicht nur dann stimmig anfühlen, wenn Sie sich regelmäßig mit sich selbst verabreden, einen Blick auf Ihr konkretes Leben werfen und sich fragen, ob Ihr innerer Kompass gut ausgerichtet ist.

7. Von der Weisheit einer Schafhirtin

In den Lebenserzählungen von Marie de Brebis taucht vielfach das Wort »Glück« auf. Erstaunlich, denn ihr Alltag ist reich an Entbehrungen und Schicksalsschlägen. Bereits über dem Beginn ihres Lebens lag ein großer Schatten: Marie wird 1901 in Quercy – einer ländlichen und ärmlichen Gegend im Südwesten Frankreichs – als Baby ausgesetzt. Ein Schäfer entdeckt den Säugling unter einem Wacholderstrauch und kümmert sich um das Mädchen, bis er es dann später einer kinderlosen Bauernfamilie anvertraut. In einfachsten Verhältnissen aufgewachsen, freut Marie sich an dem Privileg, zur Schule gehen zu können, bis sie mit zwölf Jahren die Grundschulprüfung ablegt und als Schafhirtin und Bäuerin arbeitet. Sie liebt die Einsamkeit der karstigen Anhöhen und Schluchten, wo sie fast das halbe Leben mit ihren Schafen verbringt. Und ebenso liebt sie die Geselligkeit der Dorffeste oder der Waschtage – zwei im Jahr –, an denen sich die Frauen am schattigen Flussufer treffen, um sich gegenseitig beim Auswringen großer Laken zu helfen.

Die Lebenserinnerungen von Marie zeugen von einer tiefen Weisheit und erstaunlichen Zuversicht. Dabei hat sie immer wieder herbe Schicksalsschläge zu erleiden. Als ihr Verlobter Florentin im Ersten Weltkrieg zu den Waffen gerufen wird, zerreißt es ihr schier das Herz. Sie zieht sich in sich selbst zurück wie eine Pflanze, die ohne Wasser auskommen muss. Ihre Verbundenheit mit der Natur rettet sie vor der Verzweiflung. Stundenlang liegt sie wie eine Eidechse in der Sonne, die Wange an einen warmen Stein gelehnt, und spürt die Wärme wie einen Lebensquell in sich fließen. »Einfach weil ich Leben um mich herum brauchte, um selbst am Leben zu bleiben … Darum konnte ich nur inmitten von Gottes Schöpfung, da wo sie am wärmsten ist, die Kraft finden, zu warten und zu hoffen.«[10]

Nach der Rückkehr von Florentin aus dem Krieg glaubt Marie wie viele andere, dass die Menschheit sich nie wieder in einen derart mörderischen Krieg stürzen würde. Dieser Glaube an das Gute, so erzählt sie, liege in ihrer Natur. Und genau diesem Glauben verdanke sie es, dass sie so alt werden konnte und ihr Lächeln sie nie verließ.

Nachdem das erste Kind direkt nach der Geburt stirbt und sie auch andere schwere Verluste zu verkraften hat, treibt sie wie jedes Jahr ihre Schafe auf die Hochebene. Dort ist sie allein und kann endlich all die Tränen weinen, die sie so lange unterdrückt hatte. »Nachdem ich meine Seele erleichtert hatte, begriff ich, dass es keinen Sinn hatte, die Vergangenheit wieder aufleben lassen zu wollen, dass das Leben die vor einem liegende Zeit ist, und dass die Erinnerung Wunden aufreißen, aber nicht heilen kann.«[11]

Nach der glücklichen Geburt von zwei Jungen und einem Mädchen erkrankt ihr Mann Florentin, mit dem sie eine tiefe Liebe verbindet. Marie lernt, wie sie sagt, dass man eine Krankheit nur bekämpfen kann, wenn man Entscheidungen trifft, die die Zukunft im Blick haben. Dadurch kann man Tiefpunkte überwinden, und der Horizont hellt sich auf.

Der Zweite Weltkrieg bringt erneut großes Unglück über sie und ihre Familie. Ihr Mann wird der Sabotage verdächtigt und ins Gefängnis geworfen. Der ältere Sohn schließt sich der französischen Widerstandsbewegung an und stirbt bei einem Feuergefecht. »Niemals erschienen mir die Tage so dunkel wie in diesem Juni, trotz des warmen Lichtes des Hochlandes, das mir bisher immer wieder das Herz erwärmt hatte.«

Marie hat keine Tränen mehr und klammert sich an die Hoffnung, ihren Mann bald wiederzusehen. Sie und ihre Tochter bewältigen den Alltag Seite an Seite. »Ich sagte mir, dass ich nichts gegen die verrückten Ideen der Männer hätte tun können, aber dass ich trotz allem wusste, dass hinter dem kalten Nebel der Tage, die auf mich warteten, ein helles Licht schien. Ich schob den Hochmut zur Seite, der die Lebenden dahin bringt, alles verstehen zu wollen, und sagte mir, dass ich eines Tages denen, die mich verlassen hatten, wiederbegegnen würde. Das alles anzunehmen, in Hoffnung zu leben, nichts zu vergessen, aber auch nichts zu bedauern – mit diesen Vorsätzen machte ich mich jeden Morgen auf den Weg.«[12]

Florentin kommt aus der Gefangenschaft zurück, doch seine Erkrankung holt ihn wieder ein. Nach seinem Tod ist es wieder die Natur, in der Marie Trost und Kraft findet. Im Lauf der Jahre zerfällt die Dorfgemeinschaft, der Ort verwaist immer mehr. Schließlich ereilt Marie ein Schlaganfall. Doch auch hier findet sie einen inneren Weg, damit umzugehen. Für den Rest ihres Lebens auf den Rollstuhl angewiesen und fern ihrer geliebten Berge, entdeckt sie bei ihrer Tochter in Paris die Schönheit der kleinsten Dinge. Im Krankenhaus sucht sie die beste Position im Bett, um die Blätter der Bäume sehen zu können. Sie bewegt ihre Hände, um einen Sonnenstrahl auf ihrer Haut spüren zu können.

»Ich brauchte gut drei Monate, bis ich mich mit meinem Schicksal abgefunden hatte, aber es ist mir gelungen. Während mein Leben sich änderte, war auch ich gezwungen, mich zu ändern. Meine Welt hatte sich verkleinert, und anstatt in die Ferne zu blicken, habe ich gelernt, besser um mich herumzuschauen. So habe ich andere Dinge entdeckt: … Ich lebe von dem kleinen Glück: Ich streichle einen Baum, ich prüfe seine Borke, ihre Härte und ihre Samtheit … Ich nehme die kleinen Duftschwaden besser wahr, auf die ich vorher nicht geachtet hatte.

Jede Kleinigkeit bedeutet mir etwas. Ich weiß, dass ich jetzt besser lebe denn je, da ich das Leben besser wahrnehme … Es braucht also nur einen Duft, ein Wort, eine Melodie, um in uns diese Saite zum Schwingen zu bringen, sicher das Wichtigste, was wir haben, und es bedarf nur wenig, damit wir in der Lage sind, diese Dinge wahrzunehmen. Auf diese Art und Weise habe ich schließlich durch meine Lähmung eine Quelle zusätzlichen Glücks gefunden.«[13]

Über 80 Jahre ist Marie de Brebis alt, als sie Christian Signol ihre Lebensgeschichte anvertraut. Signol lässt Marie in dem berührenden Buch »Marie de Brebis. Der reiche Klang des einfachen Lebens« in der ersten Person erzählen: schlicht und direkt, ohne romantische Verklärung. Als das Buch erscheint, lebt Marie nicht mehr, und er wünscht ihr, im Himmel wieder in einem Dorf voller Tänze zu leben.

Wenn man den Lebenslauf dieser Frau von außen betrachtet, könnte man erwarten, dass Marie mit Trauer und Bitterkeit zurückschaut. Doch das ist in keinster Weise so! Ihr Lebensrückblick atmet Zuversicht, Glück und Dankbarkeit.

Woraus schöpft Marie ihre Zuversicht?

Eine wesentliche Quelle ihrer Freude und Zuversicht liegt in ihrer innigen Verbindung mit der Natur – ob es die warmen Kalkfelsen in der Weite der Berglandschaft, die glitzernden Schneefelder oder das Spiel von Licht und Schatten in einem Park in

Paris sind. Die Liebe zu ihrer Familie und das Wissen, für ihre Kinder verantwortlich zu sein, geben Marie in schweren Zeiten die Kraft, Tag für Tag das Leben in die Hand zu nehmen und sich für die Zukunft zu entscheiden. So nimmt sie dem lähmenden Gefühl von Ohnmacht und Ausgeliefertsein seine Macht. Damit verbunden legt Marie in schweren Zeiten auch eine klare Haltung sich selbst gegenüber an den Tag: Sie verweigert sich dem Selbstmitleid oder der Klage, warum ihr das Leben so viel zumutet. Vielmehr akzeptiert sie, dass das Leben eben auch hart ist; erträgt und gestaltet tapfer das Heute und hofft auf einen neuen Morgen.

Eine weitere Ressource ihrer Zuversicht liegt darin, dass Marie den Menschen und dem Leben Vertrauen entgegenbringt. Zwar wird ihr Glaube an das Gute im Menschen vielfach erschüttert, doch sie fokussiert sich nicht auf Schmerz und Verlust. Vielmehr nimmt sie bewusst auch das Lichte und Helle in den Blick und pflegt eine entsprechende Kultur der Erinnerung und Dankbarkeit. Die Erzählung ihres Lebens schließt Marie des Brebis mit einem Vergleich: Ihre Erinnerungen gleichen im Lauf der Jahre angesammelten Schätzen, die aufsteigen und ihre Freude jedes Mal noch größer werden lassen. In einem kindlich einfachen Glauben vertraut sie, dass diese Freude sie auch bei Gott erwartet. »Es ist das sichere Wissen darum, dass nichts vergessen und verloren ist.«[14]

WAS DIE ZUVERSICHT NÄHRT

Es kommt darauf an, das Hoffen zu lernen.
(Ernst Bloch)

Zuversicht ist eine innere Haltung, die insbesondere in schweren Zeiten gefragt ist: Denn sie versetzt in die Lage, Schwierigkeiten nüchtern zu analysieren *und* trotz Angst und Ohnmacht jene Spielräume zu entdecken, die sich auftun. Eine solche Haltung ist nicht einfach vorhanden – oder nicht vorhanden –, sondern sie muss täglich aktiviert und genährt werden.

Am Anfang jeden Lernens steht die *Entscheidung*, etwas *lernen zu wollen* – und dies gilt auch für Hoffnung und Zuversicht. Das mag sich banal anhören, ist es aber nicht! Daraus folgt nämlich: Um in eine zuversichtliche Haltung hineinzufinden, müssen wir uns grundsätzlich und immer wieder neu entscheiden: »Ja, wenn ich mit Schwerem konfrontiert bin, will ich mich der Situation stellen und lernen, ihr in einer zuversichtlichen Haltung entgegenzutreten!«

1. Aus der Erinnerung schöpfen

Der Psychologieprofessor Curt Richter hat in den 60er-Jahren ein grausames Experiment durchgeführt. Er warf Ratten in ein Wasserbecken, aus dem es kein Entkommen gab. Ein Teil der Tiere war gezähmt und an den Menschen gewöhnt. Diese paddelten zwischen 40 und 60 Stunden, bevor sie untergingen. Die wilden Ratten hingegen schwammen etwa 15 Minuten lang, dann gingen sie unter und ertranken. Richter war verblüfft und änderte die Versuchsanordnung: Er fischte einige der fast ertrinkenden wilden Ratten aus dem Wasser, setzte sie aufs Trockene und warf sie nach einigen Minuten wieder hinein. In der Folge strampelten nun auch diese Tiere zwischen 40 und 60 Stunden. Richter erklärte das damit, dass die wilden Ratten noch nie zuvor die Erfahrung gemacht hatten, von jemandem aus einer Gefahr gerettet worden zu sein. Deshalb gaben sie nach einer Viertelstunde einfach auf. Ihre Artgenossen mit der Verschnaufpause hatten jedoch menschliche Hilfe erlebt. Man hatte ihnen Hoffnung auf Rettung gegeben – und die ließ sie nun tagelang durchhalten.

Dieses makabre Tierexperiment zeigt, welch große Motivations- und Durchhaltekraft und welch starke Hoffnung erfahrene Rettung freisetzt. Um die Erinnerung an gute Erfahrungen und die daraus erwachsende Zuversicht geht es im Folgenden.

Die Erinnerung ist die Schwester der Hoffnung.
(Nach Michelangelo)

Mit einem leichten Schauder, aber mit noch mehr Dankbarkeit und Freude erzählt eine Frau von den zurückliegenden Jahren, in denen so viel Belastendes zusammengekommen war: der Hausbau, das zweite Kind, berufliche Herausforderungen und dann noch die Mutter, die krank wurde … Manchmal wusste sie weder ein noch aus, doch schließlich hatte sie gemeinsam mit ihrem Mann die Situation gemeistert.

Wie diese Frau bringen wir alle viele Kompetenzen mit, die wir uns im Laufe unseres Lebens im Umgang mit schwierigen Situationen angeeignet haben. Sich diesen Schatz in Erinnerung zu rufen, baut auf. Denn wenn wir uns vergegenwärtigen, welche Krisen wir schon überstanden und bestanden haben, und wenn wir uns die kleinen und großen »Wunder« unseres Lebens ins Gedächtnis rufen, dann stärkt dies in mehrfacher Hinsicht unsere Zuversicht.

Erstens: Die Einsicht »Ich bin mit dieser Sache ganz gut klargekommen«, vertieft das Vertrauen in sich selbst und die Fähigkeit, dem Leben gewachsen zu sein. Entsinnt man sich gemeisterter Lebenssituationen, dann weckt dies Freude und vielleicht auch Stolz. Und es stärkt die Zuversicht, dass einem Ähnliches auch heute möglich ist. Ebenso wichtig ist, sich zu vergegenwärtigen, in Krisen Hilfe erfahren oder Schwierigkeiten gemeinsam mit anderen bewältigt zu haben.

Vertrauen baut auf die Erfahrungen der Vergangenheit. Indem Sie auf die Vorratskammer an guten Erinnerungen zurückgreifen, nähren Sie Ihr Vertrauen in andere, in sich selbst, in das Leben und – wenn Sie sich als spiritueller Mensch verstehen – in seinen göttlichen Grund. Zugleich stärkt das gewachsene Vertrauen Ihre Zuversicht und Ihre Fähigkeit, sich gemeinsam mit anderen zu engagieren.

Zweitens: Rufen Sie sich Ihre Kräfte und Problemlösungen ins Gedächtnis, dann hilft dies, um gegenwärtige Herausforderungen und Aufgaben zu bestehen. Sie können auf Bewährtes zurückgreifen, Schlüsse für die Zukunft ziehen und Handlungsspielräume entdecken.

Und schließlich vollzieht sich in all dem ein – oft unmerklicher – Perspektivenwechsel: Anstatt nur auf das Problem zu starren oder sich als »armes Hascherl«[15] zu fühlen, weitet sich der enge Blick. Wir kultivieren einen Sinn für Alternativen, und vor allem begrenzen wir das Gefühl der Ohnmacht. Erinnernd vergewissern wir uns unserer Lebenskraft. Wir spüren Selbstwirksamkeit.

Auf den Punkt gebracht: *Hoffen ist Erinnern in die Zukunft hinein!*

Statt fauler Ausreden: sich Gutes ein-reden

Haben Sie schon einmal einer Kuh beim Grasen zugeschaut? Wieder und wieder kaut sie das einmal gefressene Gras, um es gut zu verwerten. Das Bild vom Wiederkäuen findet sich von alters her in der christlichen Spiritualität – und heute auch in der Psychologie. Es macht darauf aufmerksam: Sätze, die wir innerlich ständig wiederholen, prägen unser Fühlen, Denken und Verhalten. Offenkundig ist dies bei kleinmachenden oder ängstigenden Sätzen wie »Das kann ich nicht!« oder »Das bringt doch nichts!« … Genauso entfalten auch heilsame Sätze ihre Wirkung; sie prägen und verändern von innen her.

Christinnen und Christen machen sich beispielsweise biblische Vertrauensworte zu eigen. In einem ruhigen Rhythmus wiederholen sie murmelnd oder in Gedanken einen Satz – etwa einen Psalmvers wie: »Du bist mein Licht und mein Heil; vor wem sollte ich mich fürchten?« (vgl. Psalm 27,1) Oder: »Du bist meine Zuversicht.« (Psalm 71,5) Aus dem wiederkehrenden Rezitieren eines Satzes hat sich sogar eine eigene Gebets- und Meditationsform entwickelt, die bezeichnenderweise »ruminatio« genannt wird (lat. = Wiederkäuen).

Praxistipp: Anleitung zu einer Meditation

Suchen Sie einen Ort auf, an dem Sie ungestört sind. Schalten Sie Ihr Handy und andere mögliche Störfaktoren aus. Entscheiden Sie, wie viel Zeit Sie sich für die Meditation gönnen wollen, und stellen Sie sich vielleicht einen Wecker.

Gibt es einen kurzen positiven Satz, eine Liedzeile, einen biblischen Vers … – gibt es etwas, das Sie erahnen lässt: Ich bin im Großen und Ganzen geborgen? Wählen Sie für die folgende Meditation einen Satz aus, der in Ihnen Vertrauen weckt.

Nehmen Sie eine Körperhaltung ein, in der Sie aufmerksam und präsent da sein können. Versuchen Sie, Ihren Körper wahrzunehmen. Achten Sie auf Ihren Atem, wie er kommt und geht. Ohne dass Sie etwas daran ändern wollen.

Wiederholen Sie im regelmäßigen Rhythmus innerlich »Ihren« Vertrauenssatz. Sagen Sie ihn wieder und wieder, wie ein Mantra. Wenn Ihre Gedanken abschweifen (was ziemlich normal ist!), kehren Sie zur Beobachtung Ihres Atems und dann zu dem Vertrauenssatz zurück. Wenn es Ihnen entspricht, beenden Sie die Meditation mit einem persönlichen Gebet.

Das Schöne an dieser Meditation: Sie können sie jederzeit und überall praktizieren: ob beim Warten auf den Zug, bei einem Spaziergang oder in unruhigen Nächten.

2. Der Spur der Freude folgen

Ein Matrose, der schon seit vielen Jahren taubstumm war, ging mit ein paar Freunden in ein Londoner Theater. Dort gastierte ein berühmter Clown: Joseph Grimaldi. Sie setzten sich in die erste Reihe der Galerie. Was dann geschah, schildert Charles Dickens in seinem Buch »Der Clown Grimaldi« folgendermaßen: Der Clown war an diesem Abend in Hochform. Das Publikum brüllte vor Lachen. Doch keiner hatte mehr Spaß als jener taubstumme Mann. Einer seiner Freunde, der sich mit ihm gut in der Gebärdensprache verständigen konnte, fragte ihn, wie ihm der Clown gefalle. Der Matrose antwortete ebenfalls mit Gesten: Ich habe noch nie so etwas Komisches gesehen! Dann rief er plötzlich voller Freude: »Ist das ein Kerl! Ist das ein Kerl!«

Wie ein Lauffeuer verbreitete sich die Nachricht, dass Joe Grimaldi durch sein Spiel einem Taubstummen Gehör und Sprache wiedergegeben habe. Der bislang Taubstumme erzählte, der Clown habe ihn in einen unglaublichen Freudentaumel versetzt. Er habe einfach alles in sich anspannen müssen, um dies seinen Kameraden zu sagen – und war selbst maßlos überrascht, dass er dadurch Sprache und Gehör wiedererlangt hatte.[16]

Freude hat eine befreiende und lösende Wirkung. Freuen wir uns, dann strahlen unsere Augen, unser Gesicht hellt sich auf, wir gehen beschwingten Schrittes, nehmen drei Stufen auf einmal und könnten Luftsprünge machen. Bereits diese Ausdrucksgesten verdeutlichen, dass Freude ein Gegengewicht zu Dunkelheit und Erdenschwere bildet. Wir fühlen uns verbunden mit uns selbst, mit anderen, mit dem Leben. Ein Gefühl von Vitalität erfasst uns, und wir sind voll Zuversicht, dass eine gute Zukunft möglich wird.

Freude ist die mächtigste Widersacherin von Angst! Denn während diese das Blickfeld einengt, weiten sich in der Freude Herz und Geist. Wir entdecken neue Perspektiven und gewinnen mehr Selbstvertrauen. Und wir spüren, dass wir nicht einfach nur ins Leben geworfen, sondern auch von ihm getragen sind. Die Woge der Freude gleicht einem Dankeschön an das Leben.

In der Freude genießen wir den Augenblick! Vergangenheit und Zukunft geraten aus dem Blick, und darin liegt eine große Chance: nämlich herauszutreten aus den Schatten einer dunklen Vergangenheit oder einer düster erscheinenden Zukunft.

Eine spezielle Form der Freude ist die Vorfreude – etwa, wenn Menschen sich ausmalen, wie schön es sein wird, wenn eine Krise überstanden ist und sie wieder Feste feiern können! Die Vorfreude lebt von der menschlichen Vorstellungskraft: Wir stellen uns die zukünftigen Ereignisse so vor, dass sie uns mit großer Freude erfüllen werden. Frohe Zuversicht stellt sich ein.

Alles in allem: Wenn Sie der Freude erlauben, dass sie Ihr Herz weitet, stärken Sie Ihre Fähigkeit, mit den kleinen und großen Widrigkeiten umzugehen. Sie kultivieren die Kraft der Hoffnung.

Praxistipp: Wegweiser zur Freude

Achten Sie darauf, wenn sich im Alltag Freude einstellen will. Dies passiert mit Vorliebe in ganz gewöhnlichen Augenblicken. Die kleinen Freuden scheinen belanglos, doch zu Unrecht! Wie wertvoll solche Nischen des Glücks sind, wird besonders spürbar, wenn man nach einer schweren Krankheit wieder auf die Beine kommt oder ein geliebter Mensch bei einem Unfall einigermaßen heil davongekommen ist. Nach solchen Erfahrungen gewinnen unscheinbare Ereignisse oft eine große Bedeutung: der Duft frisch gebrühten Kaffees, ein gemeinsamer Kinobesuch, ein anregendes Buch …

Auch ist es hilfreich zu wissen, *was* Sie froh stimmt. Dass Sie also Ihre persönlichen Quellen der Freude kennen – und aus ihnen regelmäßig schöpfen.

Wenn Sie Ihre Aufmerksamkeit auf Gründe der Freude lenken, dann geben Sie Ihren Gedanken eine Richtung, die – entgegen der Negativitätstendenz – das Lichte und Helle in den Blick nimmt. Ihr Alltag wird sich verändern, und ganz nebenbei stärken Sie Hoffnung und Zuversicht.

Wem will ich Glauben schenken?

Angst und Sorge werden sich natürlich nicht in Luft auflösen. Wenn Sie aber beides in sich wahrnehmen sollten – Freude *und* Angst –, dann können Sie sich beglückwünschen. Denn dadurch gewinnen Sie einen inneren Freiraum und können sich fragen: »Wem will ich (mehr) Glauben schenken: meiner Freude, dass sich hier und jetzt das Leben in seiner Schönheit zeigt? Oder meiner Angst, die mir das Glück der Gegenwart stiehlt, indem sie mich besorgt in die Zukunft starren lässt?« Sie haben nun die Wahl: Sie können sich die möglichen Probleme in düsteren Farben ausmalen, oder Sie richten Ihre Aufmerksamkeit auf das Hier und Jetzt und überlassen sich der Freude.

Und wenn Ihre Angst Sie nach wie vor hartnäckig bedrängen sollte, hilft vielleicht ein chinesisches Sprichwort: Heute ist der Tag, vor dem ich gestern Angst hatte.

Humor

»Jedes Ding hat drei Seiten: eine positive, eine negative und eine komische.« Mit diesem Bonmot bringt Karl Valentin unnachahmlich auf den Punkt, wie der Humor schlagartig die Sicht auf Dinge verändern kann. Humor ist eine kreative Fähigkeit, die Perspektive zu wechseln und Distanz zu gewinnen. Wer das Dasein mit einem Augenzwinkern betrachtet, tut sich leichter, mit problematischen Situationen umzugehen und zuversichtlicher in die Zukunft zu blicken.

Humor schenkt uns in schweren Zeiten eine Atempause. Und durch die Einsicht in die menschlichen Schwächen kann er für einen kurzen Moment mit der Ambivalenz des Lebens versöhnen. Entsprechend wohltuend wirkt die Gesellschaft einer humorvollen Person. Sie hat die Gabe, den Unzulänglichkeiten der Welt mit heiterer Gelassenheit zu begegnen.

Damit verbunden fußt der Humor auch darin, sich selbst und das, was einen gerade belastet, nicht *zu* wichtig zu nehmen. »Der Humor rückt den Augenblick an die richtige Stelle. Er lehrt uns die wahre Größenordnung und die gültige Perspektive. Er macht die Erde zu einem kleinen Stern, die Weltgeschichte zu einem Atemzug und uns selber bescheiden.« (Erich Kästner)

Und in der Tat: Wir rasen auf einem klitzekleinen Planeten durch ein Universum, welches sich mit etwa 70 km pro Sekunde ausdehnt. Unser Körper besteht aus Sternenstaub, der Milliarden Jahre im Weltall unterwegs gewesen ist und jetzt zu uns gehört. Vorübergehend. Und unsere Lebensspanne währt für dieses All nur einen Wimpernschlag … Von Papst Johannes XXIII. wird erzählt, dass er – wenn ihn die Verantwortlichkeiten und Sorgen seines Amtes sehr belasteten – sich selbst gesagt habe: »Giovanni, nimm dich nicht so wichtig!«

Es wäre jedoch ein Missverständnis zu meinen, Humor sei ein Mittel, um Gefahren zu verdrängen. Vielmehr verschafft er angesichts von Bedrohlichem eine stärkende Atempause. Die viral gehenden Witze in der Coronapandemie zeigen dies eindrücklich. Etwa: »Alle machen wegen des Coronavirus Hamsterkäufe. Nun habe ich mir auch einen gekauft, aber wie zum Geier soll er mir jetzt helfen, wenn ich mich anstecke?« Oder »Meine Katze ist total genervt von mir, weil ich den ganzen Tag in ihrer Wohnung bin.« Karl Valentin hat seine eigene Strategie zur Stärkung des seelischen Wohlbefindens entwickelt: »Wenn es regnet, freue ich mich. Denn wenn ich mich nicht freue, regnet es auch.«

3. Sich mit der Unsicherheit anfreunden

In Krisen wird spürbar, dass das Leben ungewiss und die Zukunft offen ist. Die äußere Unsicherheit führt dazu, dass wir uns schutzlos und ausgeliefert fühlen. Und das ist kaum zu ertragen! Hinzu kommt, dass Unsicherheit gemeinhin als peinliche Schwäche oder als unprofessioneller Mangelzustand gilt. Doch das Gegenteil ist der Fall: Wer sich nicht ab und zu unsicher fühlt, kennt das Leben nicht!

Unklare und unsichere Situationen lassen sich nicht abschalten wie ein lästiges Störgeräusch. Sie gehören einfach zu den Spielregeln unserer Welt. Nur wer sie als Teil des Lebens anerkennt, wird mit Krisen und schmerzhaften Erfahrungen besser umgehen können.

Vor allem aber – und darin liegt für mich eine überraschende Einsicht, die ich der Philosophin Natalie Knapp verdanke: Das Gefühl der Unsicherheit hat uns Wichtiges zu sagen. Es steht am Ursprung vieler wertvoller Erfahrungen und Fähigkeiten – auch der Fähigkeit zur Zuversicht![17]

Zweifelsohne fühlt sich Unsicherheit unangenehm an, doch in dem Empfinden steckt eine wichtige *Botschaft*. Sie vermittelt: »Achtung, du kennst dich mit dieser Situation nicht aus. Hier passiert gerade etwas Unvorhergesehenes, vielleicht sogar etwas ganz Neues.« Wer sich unsicher fühlt, hat auch emotional begriffen: Diese Situation lässt sich mit Routine nicht bewältigen. Nun gilt es, sich ganz vorsichtig Schritt für Schritt voranzutasten. Etwas auszuprobieren und immer wieder zu prüfen, ob der Boden noch trägt. Und wenn nötig, wieder einen Schritt zurückzugehen. Oder den Weg anders fortzusetzen.

Unsicherheit zwingt uns, Neues zu entwickeln, und sie steht am Ursprung von einigen der kostbarsten Fähigkeiten, die wir besitzen. Sie ist ein integrales Moment von *kreativen, schöpferischen Prozessen:* Nicht zu wissen, wie es geht, führt zu tastenden Versuchen und ermöglicht so erst, dass etwas Neues entsteht. Denn würden wir uns auskennen, wäre unser Handeln nichts weiter als eine Wiederholung des Altbekannten. Ebenso ist Unsicherheit eine Voraussetzung für *Hoffnung und Zuversicht*: Ließe sich die Unsicherheit aus der Welt schaffen, stünde die Zukunft fest. Das Leben liefe wie ein mechanisches Uhrwerk ab, und es bliebe kein Platz für Hoffnung und Überraschung. Gerade weil die Zukunft offen ist, können wir auch Neues erhoffen.

Eine Sache der Perspektive

Um in Krisen Zuversicht bewahren zu können, lohnt es, sich zu fragen: *Wie erlebe und bewerte ich Unsicherheit? Ist sie für mich automatisch mit Angst verbunden? Sehe ich sie als einen störenden Zustand an? Oder wecken unsichere Zeiten in mir (auch) eine wache Bereitschaft, mich vom Leben überraschen zu lassen? Traue ich ihnen ein kreatives Potenzial zu?*

Die Philosophin Natalie Knapp plädiert für einen solchen Perspektivenwechsel: Dass man unklare und mehrdeutige Situationen nicht als hemmend, sondern als schöpferisch wertvoll betrachtet. Ja, sie rät sogar dazu, sich mit der eigenen Unsicherheit anzufreunden!

Es ist offensichtlich: Eine solche Einstellung gibt uns einen wichtigen Schlüssel in die Hand, um Krisen und komplexe Situationen zu meistern. Doch das ist leichter gesagt als geglaubt und getan!

Um zu verstehen, warum ein solcher Perspektivenwechsel nicht die harte Wirklichkeit weichspült, sondern berechtigt und sinnvoll ist, helfen Einsichten aus Chaostheorie und Psychologie.

Mit großem Interesse habe ich Ausführungen gelesen, wie sich komplexe Systeme selbst regulieren. Dadurch wandelte sich meine Einstellung gegenüber Unsicherheit, und es stärkte meine Zuversicht, dass aus dem Chaos etwas Neues entstehen kann.

Stichwortartig einige Erkenntnisse aus der *Chaostheorie:*

- Erstens: Was wir als Chaos wahrnehmen, folgt einer höheren Ordnung, die wir lediglich noch nicht verstehen.
- Zweitens: Was wir Krise nennen, ist nicht das Ende, sondern ein Entstehungsprozess für ein neues System.
- Drittens: Die Kräfte des Chaos lassen sich nicht kontrollieren oder beherrschen. Deshalb ist es besser, sich mit ihnen zu arrangieren, anstatt gegen sie anzurennen.

Aus eigener Erfahrung leichter nachvollziehbar sind vermutlich die psychotherapeutischen *Modelle eines schöpferischen Prozesses* und einer *Krisenverarbeitung*: In beiden Prozessen kommt man irgendwann an den Punkt, wo das Problem einen fast völlig in Beschlag nimmt. Trotz größten Bemühens greifen die gewohnten Ideen beziehungsweise Lösungsstrategien nicht. Zweifel an sich selbst und der eigenen Kompetenz melden sich zu Wort, und man spürt: Ich bin an einen Punkt gelangt, an dem es so nicht weitergehen kann.

Stecken wir mitten in einer Krise, versuchen viele – von Angst getrieben –, die Situation so schnell wie möglich wieder unter Kontrolle zu bekommen. Die Flucht in den Aktivismus oder in Scheinsicherheiten liegt verführerisch nahe. Doch die Psychoanalytikerin Verena Kast betont: »In dieser Phase muss man *aufgeben*, bewusst die Sache in den Griff bekommen zu wollen … (Es geht) darum, *geschehen zu lassen*, darauf zu *vertrauen*, dass ein Einfall das Chaos ordnen wird. Diese Phase des schöpferischen Prozesses … entspricht der Krisensituation, in der ein Mensch sich befinden kann; und wenn der ›Kriselnde‹ darauf vertraut, dass er etwas ausbrütet, dass er nur *aktiv* darauf *warten* muss, welche Zeichen ihm von seinem Körper, von seiner Seele gegeben werden, dann bleibt die Krise erträglich.«[18]

Zu einer guten Krisenbewältigung gehören nach Verena Kast also die Elemente: der Krise vertrauen, sich auf das Chaos einlassen und dem Ganzen »seine« Zeit geben. Denn die Erfahrung zeigt: Wenn wir mit unserem Latein am Ende sind und kapitulieren; wenn wir bejahen, was ist, und alle Kontrolle loslassen – dann kann (nicht: muss) sich ein schöpferischer *Umschlag* ereignen: Eine neue, sinnvolle Einsicht zeichnet sich ab. Das innere Chaos lichtet sich, und es entwickeln sich neue Einstellungen und Verhaltensweisen.

Das Wissen um solche Krisen-Phasen kann Ihnen helfen, besser zu verstehen und einzuordnen, wenn Sie sich mit einer Situation oder sich selbst nicht mehr auskennen. Sie schauen gewissermaßen von außen auf sich und Ihre Not. Und das versetzt in die Lage, die Unsicherheit und Aussichtslosigkeit etwas gelassener anzunehmen. Sie etwas angstfreier und gefasster zu ertragen. Ja, sie möglicherweise sogar willkommen zu heißen …

Wer verstanden – und noch besser: Wer erfahren hat, dass aus dem Chaotischen eine tragfähige Realität erwächst, kann eine neue Einstellung zur Unsicherheit entwickeln. Und zuversichtlich darauf hoffen: Was ich gerade erlebe und erleide, sind Geburtswehen einer neuen, zukunftsträchtigen Wirklichkeit.

Geburt

Erwartet ein Paar ein Kind, kann es sich auf jede noch so erdenkliche Weise vorbereiten. Doch wie die Geburt dann tatsächlich abläuft, lässt sich nicht planen. Denn sie ist ein Prozess, der nur bedingt steuerbar ist. Irgendwann kommt der Punkt, an dem die Gebärende spürt: »Ich kann die Schmerzen nicht beherrschen. Ich muss mich den Wehen überlassen, um nicht unterzugehen.« Während ihr die

Kontrolle über das Geschehen entgleitet und sie sich selbst loslässt, spürt sie, dass die Wellen sie weitertragen. Ihr Körper und das ungeborene Kind wissen ganz von allein, was notwendig ist! Im Nachhinein erzählen manche Mütter: »Beim Gebären wirken Kräfte, die viel stärker sind als ich. Das ist beängstigend und überwältigend schön!«

In vielen Entwicklungs- und Verlustkrisen ereignet sich eine Form von schmerzlicher Geburt: Erst wenn wir die alten Sicherheiten loslassen und uns einer Erfahrung öffnen, die wir nicht kontrollieren können – erst dann kann sich etwas wandeln. Durch den engen Kanal der Vorstellungen, Gewohnheiten und emotionalen Muster bahnt sich etwas Neues einen Weg ins Leben. Durch Schmerz und Hingabe hindurch kommt Ungeahntes auf die Welt.[19]

Ich setzte meinen Fuß in die Luft, und sie trug

Neuland betritt nur, wer es irgendwann wagt, den bisherigen Grund wirklich zu verlassen. Das fühlt sich manchmal wie ein Schritt ins Leere an! Doch nur wer diesen Mut aufbringt, wird die Erfahrung machen können: Meine tastenden Schritte ins Ungewisse lassen den Boden unter meinen Füßen erst entstehen. Und die Brücke, die ins Morgen führt, wird jetzt – und zwar Schritt für Schritt – gebaut.

Hoffnung versetzt in die Lage, diesen Schwebezustand auszuhalten.

»Ich setzte meinen Fuß in die Luft, und sie trug.« So lautet die Inschrift auf dem Grabstein von Hilde Domin auf dem Heidelberger Friedhof. Die berühmte Lyrikerin musste wegen ihrer jüdischen Herkunft immer wieder alle Sicherheiten aufgeben: Von Deutschland floh sie nach Italien, nach England, nach Kanada und später in die Dominikanische Republik. Was ihr half, war die Zuversicht, dass ihr das Leben immer wieder aus dem Nichts eine Brücke bauen würde.

Ein solches Vertrauen lässt sich aus spiritueller Sicht als *Glauben* bezeichnen. Die biblischen Geschichten erzählen von solchen Schritten. Sie erscheinen wie Reiseberichte von Menschen, die den Aufbruch ins Ungewisse gewagt haben. So auch Abraham: Er ist aus biblischer Sicht so etwas wie der Urtyp des gläubigen Menschen. Abraham steht für den Menschen, der seine Komfortzone verlässt. Dabei könnte er sich auf seinem Erbe ausruhen und auf seine Sippe bauen. Denn er ist gut etabliert, und sein großer Besitz ist eine Art Lebensversicherung mit Rentenanspruch. Doch er setzt sein Vertrauen auf Gott, der zu ihm spricht: »Zieh weg aus deinem Land, von deiner Verwandtschaft und aus deinem Vaterhaus in das Land, das ich dir zeigen werde. Ich werde dich zu einem großen Volk machen.« (Genesis 12,1 f.) Und Abraham bricht auf und zieht fort.

Er hört auf eine innere Stimme, die ihn lockt, ins Freie zu gehen. (Genesis 15,5) Der Blick zum Sternenhimmel verspricht ihm eine unermessliche Zukunft, gegen die alles kalkulierte Planen ein bloßes Erbsenzählen ist. Er tritt aus dem Schatten seines Stammbaumes und lässt Clan und Sippe hinter sich. Er wagt den aufrechten Gang, weil er ein inneres Rückgrat spürt.

Das ist die Sternstunde des Glaubens: Abraham verlässt das Korsett äußerer Sicherheiten und hat den Mut, sich auf seine innere Stimme zu verlassen. Er hofft auf eine Zukunft, die nicht allein aus seiner eigenen Kraft und Potenz entsteht. So wird Abraham zu einem der bedeutendsten Entdecker der Menschheitsgeschichte: Er bricht auf und spürt, wie in ihm ein nie gekanntes Vertrauen wächst und ihn begleitet. Er betritt Neuland und erfährt dabei, innerlich getragen zu sein.

»Ein College-Professor ließ seine Soziologiestudenten in die Slums von Baltimore gehen, um Fallgeschichten über zweihundert Jugendliche zu sammeln. Sie wurden gebeten, eine Bewertung über die Zukunft eines jeden Jungen zu schreiben. In jedem Fall schrieben die Studenten: ›Er hat keine Chance.‹ Fünfundzwanzig Jahre später stieß ein anderer Soziologieprofessor auf die frühere Studie. Er ließ seine Studenten das Projekt nachvollziehen, um zu sehen, was mit diesen Jungen passiert war. Mit Ausnahme von zwanzig Jungen, die weggezogen oder gestorben waren, erfuhren die Studenten, dass 176 der verbliebenen 180 einen mehr als ungewöhnlichen Erfolg als Anwälte, Doktoren und Geschäftsleute erlangt hatten.

Der Professor war überrascht und beschloss, die Angelegenheit weiterzuverfolgen. Glücklicherweise lebten alle Männer in der Nähe, und er konnte jeden Einzelnen fragen: ›Wie erklären Sie sich Ihren Erfolg?‹ Jeder von ihnen antwortete: ›Es gab eine Lehrerin.‹

Die Lehrerin war noch am Leben, also machte er sie ausfindig und fragte die (…) Dame, welche magische Formel sie benutzt habe, um diese Jungen aus den Slums herauszureißen, hinein in erfolgreiche Leistungen. Die Augen der Lehrerin funkelten, und auf ihren Lippen erschien ein leises Lächeln. ›Es war wirklich ganz einfach‹, sagte sie. Ich liebte diese Jungen.« [20]

Von dieser Studie habe ich vor vielen Jahren gelesen, und sie geht mir nicht aus dem Kopf. Auf beeindruckende Weise zeigt sie: In der liebenden Anerkennung, die Menschen einander entgegenbringen können, liegt eine kreative Kraft! In der Hoffnung, die sie für andere hegen, liegt ein schöpferisches Potenzial. Indem die Lehrerin die Fähigkeiten ihrer Schüler vorausschauend anerkannte, ermöglichte sie diesen zu zeigen, was in ihnen steckt. Sie konnten entfalten, was sie noch nicht sind. Darin liegt die bedeutendste Wert-Schöpfung, zu der wir Menschen fähig sind!

Vertrauen nährt Zuversicht

Vertraut uns eine Person und traut sie uns etwas zu, dann festigt dies unser Vertrauen in uns selbst und unsere Fähigkeiten. Gerade in Krisen – wenn sich das Selbstvertrauen so groß anfühlt wie ein Zwerg mit Hut –, tut es unendlich gut, wenn man erfährt: »Da glaubt jemand an mich und daran, dass ich die Situation bewältigen kann!« Ein solches Zutrauen legt Kräfte und Entwicklungsmöglichkeiten frei und stärkt unsere Zuversicht. Ich persönlich erinnere mich an lange, dunkle Monate. Wie wohltuend wirkte es, dass es Menschen an meiner Seite gab, die an mich geglaubt haben. Und die stellvertretend für mich gehofft haben, dass es einen neuen Morgen geben wird.

Natürlich lassen sich solche Begegnungen nicht herstellen oder einfordern! Sie sind ein Geschenk. Doch wir können uns Zeit nehmen, um tragfähige Beziehungen zu pflegen. Und darauf achten, mit welchen Menschen wir engere Beziehungen pflegen wollen – und mit welchen nicht.

Vor allem aber lässt sich selbst der Anfang machen, anderen in dieser wert-schöpferischen Weise zu begegnen. Ihnen Zuwendung und Zeit schenken; das Schöne und Große in ihnen vorausahnend entdecken und anerkennen; »herauslieben« – und übrigens ganz nebenbei aus der Begegnung selbst gestärkt herausgehen.

Eine weitere Quelle, aus der Zuversicht und Hoffnung entspringen, ist das Vertrauen in andere Menschen; die Erfahrung, auf andere bauen zu können. Insbesondere wenn in Krisen der Boden ins Wanken gerät, kann eine tragfähige Beziehung Halt geben. Und wenn es hart auf hart kommt, setzt das Wissen, getragen zu sein, Zuversicht frei. Ja, hoffen kann man letztlich nicht für sich allein!

Vielleicht kennen Sie das auch: Sind Sie mit einer Person zusammen, der Sie vertrauen, verringert sich Ihre Angst, und Sie fühlen sich zuversichtlicher. Ganz deutlich erlebe ich dies etwa beim Bergsteigen: Eine erfahrene Bergführerin weckt in mir mit gutem Grund Zutrauen – und zwar in sie und in mich selbst, dass ich die ausgesetzten Kletter-Passagen bewältigen werde. Ihre Nähe, ihr rückenstärkender Blick und das sichernde Seil geben genügend Sicherheit, um den nächsten Schritt zu wagen.

Fragen, die weiterführen

Hagar steckt in einer unerträglichen Situation. Sie ist schwanger und weiß weder ein noch aus. Sie hat keine Zukunftsperspektiven mehr und gerät in die Wüste von Einsamkeit und Verzweiflung. Dort kommt es zu einer unverhofften Begegnung. Ihr Gegenüber fragt sie: »Woher kommst du? Und wohin gehst du?«

Allein schon die Tatsache, der Not und Angst nicht mutterseelenallein ausgeliefert zu sein, verringert die Angst. Die schlichte menschliche Resonanz spendet Trost und vermittelt die Zuversicht der Mitmenschlichkeit. Wenn jemand »ganz Ohr« ist, unsere dunklen Pfade innerlich mitgeht und gute Fragen stellt, dann kann sich unser eigenes inneres Chaos langsam lichten. Als ob uns ein rettender Engel zur Seite steht. So erzählt es übrigens auch die Bibel: Es ist ein Engel, der Hagar Fragen stellt, die sie weiterführen. (vgl. Genesis 16,1–14)

»Woher kommst du?« Eine Frage, die gedanklich an den Ursprung der Not zurückführt und ermu-

tigt, diesen genau in den Blick zu nehmen und in Worte zu fassen. Eine Frage, die einen aber auch an Orte heilsamer Erinnerung zurückkehren lässt: an gemeisterte Krisen; an frohe Stunden, an Verbundenheit mit anderen, mit Gott.

»*Wohin gehst du?*« Eine Frage, die bei Hagar vielleicht erst einmal ein bitteres Lachen provoziert, denn: Wohin sollte sie schon gehen?! Doch die Frage hat auch das Potenzial, neue Perspektiven zu eröffnen. Vielleicht geht Hagar auf: Da gibt es jemanden, der oder die mich braucht und auf mich angewiesen ist – mein Kind. Und dies ist eine wesentliche Quelle, aus der wir Menschen neuen Lebensmut schöpfen, nämlich zu spüren: Da wartet jemand auf mich. Jemand braucht mich.

Da-sein für andere

Das »Internationale Forschungsnetzwerk des Hoffnungsbarometers« belegt eindrücklich die zentrale Rolle von Beziehungen für ein hoffnungsvolles Gestimmtsein: Über zehn Jahre hinweg haben Tausende Studienteilnehmer gute Beziehungen zur Familie und zu Freunden als die wichtigste Quelle von Hoffnung und Zuversicht genannt. Und, damit verbunden, die eigene Hilfsbereitschaft.[21]

In Krisenzeiten liegt die Gefahr einer Nabelschau besonders nahe. Doch wer sich ständig selbst beobachtet und die eigenen Bedürfnisse und Sorgen wie mit einem Vergrößerungsglas betrachtet, dessen Nöte wachsen und wuchern.

Wenn wir über unseren Tellerrand hinaus auf andere Menschen blicken, so wird unsere Zuversicht gestärkt. Wenn wir ein Stück Distanz von uns gewinnen, indem wir uns beispielsweise fragen: Was kann ich trotz meiner schwierigen Lage für andere tun? Wie kann ich sie unterstützen oder ihnen eine Freude bereiten?

Im Dasein für andere befreien wir uns – zumindest ein Stück – vom krisenhaften Empfinden, hilflos, unfähig, überfordert, »deppert« oder Ähnliches zu sein. Wir erleben, dass wir Gutes bewirken können; dass wir etwas tun können, was für andere von Bedeutung ist. – All das löst ein tiefes Gefühl von Zufriedenheit aus. Es stärkt unser Sinnerleben und unsere Zuversicht.

Praxistipp

Vielleicht mögen Sie in einer ruhigen Stunde darüber nachdenken:

Wem konnte *ich* in Zeiten der Not Begleitung und Stütze sein? Und wer hat *mir* in Krisenzeiten Vertrauen und Zuversicht eingeflößt? Wer war für mich wie ein Engel?

Wer hofft heute auf meine Aufmerksamkeit und Zuwendung? Und wer sind die zwei oder drei Personen, auf die ich mich in Krisen stützen kann?

5. Sinn-gemäß leben

Hoffnung ist nicht die Überzeugung, dass etwas gut ausgeht, sondern die Gewissheit, dass etwas Sinn hat – ohne Rücksicht darauf, wie es ausgeht.
(Václav Havel)

Eine der wichtigsten Quellen der Zuversicht liegt in der Erfahrung von Sinn. Wer sein Tun als sinn- und wertvoll erlebt, kann Schwerem leichter standhalten und Krisen besser verarbeiten. Man denke nur an Nelson Mandela, der 27 Jahre unschuldig im Gefängnis saß und daran nicht zerbrach. Er blieb davon überzeugt, dass sein Kampf gegen Apartheid ein sinnvoller Einsatz ist und dass er sich auch dann lohnt, wenn er womöglich für immer im Gefängnis bleibt.

Oder Gisela Mayer, deren Tochter beim Amoklauf des siebzehnjährigen Tim Kretschmer in der Realschule in Winnenden 2009 ihr Leben verloren hat. Mit dem Tod ihrer Tochter ist für sie eine ganze Welt untergegangen. Doch bei ihrem Schmerz und seiner kaum möglichen Bewältigung will Gisela Mayer nicht stehen bleiben. Sie verwehrt sich die *rückwärtsgewandte* Frage nach dem *Warum*, denn diese blockiert. Vielmehr deutet sie den gewaltsamen Tod ihrer Tochter als eine *zukunftsgerichtete Verpflichtung*: »Unsere Kinder dürfen nicht umsonst gestorben sein!«, fordert sie. Gemeinsam mit anderen Betroffenen gründete sie die »Stiftung gegen Gewalt an Schulen« und klärt seitdem darüber auf, wie solche Tragödien zukünftig verhindert werden können.

Eine kopernikanische Wende

Auf viele Fragen nach dem *Warum* gibt es keine abschließende Antwort. Doch wer seine Blickrichtung ändert vom Warum hin zum *Wozu*, betrachtet die belastende Situation in einem neuen Licht – nämlich aus der Sinnperspektive. Und dies setzt ungeahnte Kraft und Zuversicht frei.

Im Haltungswechsel vom Warum hin zum Wozu liegt für den bekannten Neurologen und Psychiater Viktor Frankl die entscheidende Wende. Er hat als Erster das menschliche Streben nach Sinn in der Psychologie wissenschaftlich untersucht. Die von ihm begründete »Logotherapie und Existenzanalyse« gilt als die »Dritte Wiener Schule« neben den Lehren von Sigmund Freud und Alfred Adler. Für Viktor Frankl stehen die Suche nach und das (Er)Leben von Sinn im Mittelpunkt. Denn wie der menschliche Körper nach Nahrung verlangt, so braucht die menschliche Seele tragfähigen Sinn!

Vielleicht liegt es an der Krisenhaftigkeit unserer Zeit, dass Frankls Denken heute neu an Aktualität gewinnt. Die Positive Psychologie hat sich jahrelang vor allem auf die Frage konzentriert, wie Menschen glücklich werden. Doch zunehmend zeichnet sich ab, dass die alleinige Frage nach Glück nicht zu einem gelingenden Leben führt. Um die unvermeidlichen Lebenskrisen und Erschütterungen verarbeiten zu können, braucht es eine zuversichtliche innere Haltung. Und diese wurzelt vor allem im Erleben von Sinn und Bedeutung. »Die Studienlage jedenfalls ist eindeutig«, betont das Fachmagazin *Gehirn & Geist*: »Für unser Wohlbefinden und unsere Gesundheit scheint es wichtiger zu sein, an Stelle des schnellen, oberflächlichen Glücks den umfassenden Sinn anzustreben.«[22]

Bei der Sinnsuche geht es für Frankl um eine Art »kopernikanische Wende«: nämlich dass »wir nicht mehr einfach nach dem Sinn des Lebens fragen, sondern dass wir uns selbst als die Befragten erleben, als diejenigen, an die das Leben täglich und stündlich Fragen stellt«.[23] – Für das Streben nach Zuversicht spielt diese Wende eine entscheidende Rolle.

Denken wir über diese Frage nach, dann bleiben wir nicht stehen bei der Klage: »Warum musste mir das passieren?!«; oder bei der vorwurfsvollen Frage ans Leben: »Warum mutest du mir das zu?!« Vielmehr entdecken wir, dass *wir* die Befragten sind. Dass das Leben *uns* Fragen stellt. Wir sind gefordert, Stellung zu beziehen zu der misslichen Lage, in der wir stecken. Nach Antworten zu suchen auf Fragen wie:

Könnte dieser Mist auch für etwas gut sein? Was kann ich lernen? Wozu fordert mich diese Krise heraus? Was ist mir jetzt wichtig? Was werden meine Familie und Freunde davon haben, wenn ich diese Geschichte meistere? Was werde ich meinem Umfeld geben können, wenn ich diese Herausforderung wirklich annehme? Was ist jetzt dran?

Die Antworten auf solche Sinnfragen können Sie immer nur für sich selbst entdecken! Darin liegt vielleicht die wichtigste Aufgabe, die das Leben Ihnen stellt. Finden Sie zu einer für Sie stimmigen Einsicht, dann kann sich eine dynamische Zuversicht einstellen.

Doch was ist Sinn? – Sinn begeistert, nährt und motiviert. Er setzt Kräfte frei und lässt einen in Schwierigkeiten nicht so leicht aus der Bahn geraten. Dabei ist er weder ein Gedankenkonstrukt noch etwas, das man ähnlich wie einen Goldtaler findet, sondern Sinn wird *erfahren.* Einen interessanten Hinweis gibt die Herkunft des Wortes »Sinn«: Es kommt vom althochdeutschen »sinnan« (fahren, reisen, anstreben) und beinhaltet den Richtungsgedanken. Dies wird beispielsweise auch in der Rede vom »Uhrzeigersinn« deutlich. Das Empfinden der Sinnhaftigkeit entwickelt sich, wenn wir in eine stimmige Richtung unterwegs sind. Wenn wir eine für uns passende Ausrichtung gefunden haben.

Was Menschen als sinnvoll erleben, ist höchst individuell und facettenreich. Aber zugleich zieht sich eines durch: Wenn Menschen von erfüllenden Momenten in ihrem Leben berichten, erzählen viele davon, dass sie etwas berührt hat. Sie erlebten sich im Einklang mit der Natur oder waren fasziniert von etwas Schönem. Sie erzählen von intensiven sinnlichen Erfahrungen. Von einer Begegnung, die in ihnen etwas zum Klingen gebracht hat. Oder von einem religiösen Erleben, in ein größeres Ganzes hineinverwoben zu sein.[24]

Sinn im Leiden?

Das Erleben von Sinn erweist sich insbesondere in Zeiten von Krankheit und Sterben als wichtige Quelle von Zuversicht. Natürlich hofft man in einer Krankheit am Anfang auf Heilung! Doch wenn man mit einem chronischen Leiden oder mit einer unheilbaren, tödlichen Krankheit leben muss, ist eine viel grundsätzlichere Art von Hoffnung gefragt: Nämlich eine zuversichtliche Haltung dem Leben gegenüber, die es uns ermöglicht, mit dem Unveränderlichen Frieden zu schließen. Eine Haltung, die uns befähigt, den Fokus zu verändern und eine neue Perspektive zu gewinnen, das Leben zu spüren und – so gut es geht – auszukosten.

In der Begleitung eines schwerkranken Studenten habe ich diesen Prozess der Zuversicht miterleben dürfen: Als dem jungen Mann klar wurde, dass es keine Hoffnung auf Heilung mehr gab, packten ihn Wut und Todesangst. Doch zugleich verweigerte er sich allen gut gemeinten Beschwichtigungen, die seine lebensbedrohliche Situation kleinzureden versuchten. Wie in einer Wäschetrommel wurde er von seinen Gefühlen hin und her geschleudert. Irgendwann kapitulierte er und gestand sich ein: »Ich werde diese Krankheit nicht los. Ich gebe es auf, dagegen anzukämpfen. Das mag eine Niederlage sein. Doch ehrlich gesagt, es fühlt sich viel eher nach einer Befreiung an.«

Wochen später formulierte er für sich ein persönliches Manifest. Darin heißt es: »Egal ob ich noch lang oder kurz lebe – ich lebe jetzt! In diesem Augenblick! Ich spüre so viel mehr als je zuvor: Ich lebe auf einem wunderschönen Planeten. Ich kann fühlen und denken und bin verbunden mit Menschen, die ich schätze und liebe und die mich lieben.«

Dem Mann geht auf, »wie unfassbar es ist« und wie viel Wunderschönes direkt vor seiner Nase liegt. Er erfährt den Trost, dass es Menschen an seiner Seite gibt, die ihn begleiten und unterstützen. Und er spürt die Zuversicht, dass er sich trotz seiner begrenzten Lebenszeit getragen wissen kann.

Die Konfrontation mit seiner Sterblichkeit führt den Studenten dazu, sich auf die Gegenwart zu konzentrieren. Er gewinnt einen neuen Blick für das Hier und Jetzt – so ähnlich, wie wenn ein Schwarz-Weiß-Film auf Farbe umgestellt wird. Durch das radikale Leben im Jetzt wird seine Zeit farbiger, intensiver, wertvoller.

6. Im Großen und Ganzen verbunden

Kaum etwas spendet mehr Zuversicht und stiftet so viel Sinn und Halt wie Spiritualität und Glaube! Viele erfahren eine *spirituell geübte Aufmerksamkeit* als Kraftquelle. Insbesondere in Krisenzeiten erleben sie es als heilsam, sich immer wieder auf die Gegenwart zu konzentrieren: den Duft eines geliebten Menschen einatmen, die Sterne betrachten, den Geschmack eines knusprigen Brotes genießen, in die Stille eintauchen.

Auf Tuchfühlung mit dem Jetzt

Während in schweren Zeiten der Blick in die Zukunft mit Sorgen erfüllt, holt einen die Präsenz im Augenblick aus der Grübelschleife heraus. Manchmal blitzt in solchen Augenblicken das Wunder des schlichten Da-seins auf: Die staunenswerte Tatsache, dass ich gerade jetzt am Leben bin, und welch großes Geschenk das Lebendigsein darstellt. Und wer präsent ist, ahnt bisweilen, in der Gegenwart von etwas Größerem zu sein; im göttlichen Jetzt. »Der Augenblick ist das Gewand Gottes«, formuliert der jüdische Religionsphilosoph Martin Buber.

Darin liegt eine spirituelle Grunderfahrung, die viele Religionen miteinander verbindet, die aber auch zahlreiche Menschen machen, die sich keiner Religion zugehörig fühlen: Ich spüre, in diesem Universum nicht allein auf mich gestellt zu sein, sondern weiß mich verbunden mit einem großen Ganzen. Ich bin eingebettet in einen Zusammenhang, der über alles Begrenzte hinausreicht. Ich lebe in einer unsichtbaren Ordnung, deren Mitte nicht ich selbst bin. Und ich kann einen unermesslichen Sinn erfahren, wenn ich mit dieser Mitte in Verbindung stehe.

Natürlich: Eine solche Resonanz-Erfahrung lässt sich kaum in Worte fassen! Die christliche Tradition glaubt, dass der göttliche Zusammenhang, in den wir eingebettet sind, »Liebe« heißt. Dass diese Liebe ansprechbar ist. Und dass wir von der Liebe Angesprochene sind. Wir also mit Gott auf Du und Du stehen.

So verschieden die religiöse Grunderfahrung auch benannt wird, sie kann deutlich machen: Unser Dasein ist letztlich ein Geschenk. Leben, Atmen und Fühlen sind alles andere als selbstverständlich! Geht einem dies auf – und zwar nicht nur intellektuell, sondern auch emotional und existenziell –, kann dies ein wirklich tiefes Empfinden von Hoffnung und Zuversicht wachrufen.

Praxistipp: Einfach atmen

Das bewusste Atmen kann einen einfachen Zugang eröffnen, um sich mit dem Großen und Ganzen verbunden zu fühlen. Denn die Atmung schafft die Verbindung zwischen Außen und Innen; sie geschieht wie von selbst und erinnert uns daran, dass wir Teil des Lebens sind – und unser Dasein ein Geschenk.

Nehmen Sie für diese Wahrnehmungsübung eine bequeme und aufrechte Sitzhaltung ein. Atmen Sie einige Male tief ein und aus und lassen Sie dann den Atem in seinem Rhythmus kommen und gehen. Kontrollieren Sie Ihren Atem nicht. Mischen Sie sich nicht ein. Nehmen Sie ihn wahr.

Kehren sie jedes Mal zu Ihrem Atem zurück, wenn Ihre Gedanken auf Wanderschaft gehen, und beobachten Sie, wie er ohne Ihr Zutun ein- und ausströmt.

Beenden Sie diese Wahrnehmungsübung nach zehn bis fünfzehn Minuten.

Auf den indischen Jesuiten Anthony de Mello geht folgende religiöse Übung zurück[25]:

Während ich einatme, stelle ich mir vor, wie Gottes Geist in mich eintritt … Wie ich meine Lungen mit der göttlichen Energie fülle …

Während ich ausatme, stelle ich mir vor, dass ich alle meine Ungereimtheiten ausatme … Meine Ängste; meine negativen Gefühle …

Ich stelle mir vor, wie mein ganzer Körper immer leuchtender und lebendiger wird, weil ich Gottes lebensspendenden Geist einatme und alles Dunkel ausatme …

Christliche Hoffnung

Es ist bemerkenswert, dass die Bibel in der Hoffnung ein Kennzeichen und Unterscheidungsmerkmal des christlichen Glaubens sieht. Was meint christliche Hoffnung? Und wie verändert sie den Umgang mit Krisen?

Der christlichen Hoffnung wird oft unterstellt, dass sie wie ein Tranquilizer eingesetzt wird, um Angst oder Kummer zu betäuben oder um die Hände in den Schoß zu legen. Und in der Tat: Sie kann auf diese Weise missbraucht werden, und die Geschichte hält genügend Beispiele dafür parat. Doch recht verstanden setzt die christliche Hoffnung den entgegengesetzten Impuls frei! Drei Hinweise dazu:

Als Erstes zeigt ein Blick in die Bibel, dass die christliche Hoffnung kein billiges Trostpflaster auf die Wunden der Welt klebt. Vielmehr hat sie den Schmerz des Lebens und die Ohnmacht des Sterbens ungeschminkt vor Augen. Ja, selbst das letzte Wort jenes Menschen, von dem die Christinnen und Christen glauben, dass er in tiefster Verbundenheit mit Gott gelebt hat, ist ein markerschütternder Schrei zum Himmel: »Mein Gott, warum hast du mich verlassen?«, ruft Jesus in der Dunkelheit seines Sterbens. (Markus 15,34)

Zugleich drückt die Bibel in verschiedenen Bildern die Hoffnung auf Auferstehung, auf ein »Leben in Fülle«, ein »Leben in Gott« aus. Wie diese Wirklichkeit aussieht, weiß niemand, und alle Bilder bleiben vage Versuche, diese Hoffnung auszudrücken. Doch dass unser endliches Leben mit seiner Schönheit und seinem Schrecken im Unendlichen geborgen ist – darin kommen die biblischen Bilder überein. Und darin findet der christliche Glaube seine Mitte. Eine solche Hoffnung wirkt wie ein Licht, das hilft, sich der ängstigenden Dunkelheit zu stellen, und das einen neuen Morgen verspricht.

Drittens: Die Hoffnung auf Auferstehung bietet keinen Weg an, Not und Ausweglosigkeit, Leiden und Sterben theoretisch zu *ver*stehen. Sie kann aber einen Weg eröffnen, diese zu *be*stehen – und das vor allem in solidarischer Sorge um diejenigen, die um ihr Leben betrogen werden und vom Leid am meisten betroffen sind. Denn aus christlicher Perspektive ist Solidarität der menschlichste Ausdruck des Glaubens. Darauf macht Jesus mit seiner überraschenden Erzählung aufmerksam, worauf es am Lebensende ankommt: Es wird nicht gefragt, welche Glaubenssätze man im Kopf, sondern ob man für andere ein Herz hatte. (vgl. Matthäus 25,31–46) Es wird nicht gefragt, zu welcher Religion oder Kultur man gehört, sondern ob man sich als Mitglied der einen universalen Menschheitsfamilie verstanden und entsprechend gelebt hat. Die christliche Hoffnung geht mit der Weigerung einher, Leid und Unrecht als schicksalhaftes »So ist es eben und so war es immer« hinzunehmen. Sie wirkt wie ein Anti-Resignativum, das vor Bequemlichkeit oder falscher Gelassenheit bewahrt.

Persönlich nachgefragt

Als Christin und Ordensfrau werde ich manchmal gefragt, ob mir mein Glaube hilft, mit Krankheit und Sterben, mit Leid und Unrecht gelassener umzugehen. Meine folgende Antwort dürfte Sie nach der Lektüre dieses Buches kaum überraschen.

Keineswegs führe ich tagtäglich ein von Zuversicht und Vertrauen getragenes Leben! Ich kenne auch ganz andere Momente und Phasen, in denen mir die Zuversicht abhandenkommt. Wenn ich auf die Zeiten schaue, in denen ich auf die Nähe Gottes baue, und auf jene Zeiten, in denen ich fern von diesem Vertrauen bin, dann kann ich nur sagen: Zwischen diesen Zeiten und inneren Haltungen liegen Welten! Das Leben fühlt sich jeweils ganz anders an!

Auf zwei Punkte möchte ich kurz eingehen.

Im Hoffen auf Gott eröffnet sich ein Horizont, in dem auch Sinnlosigkeit und Tod ihren Platz finden. Ich muss schmerzhafte und absurde Erfahrungen nicht bis aufs Letzte verstehen oder bewältigen. Und ich muss auch nicht alle Krisen meistern! Vielmehr dürfen Situationen und Erfahrungen fremd und schmerzhaft bleiben – dank der Hoffnung, dass jenseits aller Dinge ein Herz ist, das alle Widersprüche vereinen kann.

Ein Zweites: Wenn ich der Hoffnung Gehör schenke, dass das letzte Gelingen meiner Geschichte und der Menschheitsgeschichte in Gottes Händen liegt, dann kann ich den Ernst der Lage erkennen, ohne dass ich den Kopf resigniert in den Sand stecken oder verbissen für ein Paradies auf Erden kämpfen muss. Und diese Hoffnung lässt mich Handlungsspielräume entdecken und treibt an, das Mögliche entschieden und gelassen zugleich zu tun.

ZUVERSICHT IN KRISENZEITEN: EIN WANDLUNGSPROZESS

Bitte

Wir werden eingetaucht
und mit dem Wasser der Sintflut gewaschen,
wir werden durchnäßt
bis auf die Herzhaut.

Der Wunsch nach der Landschaft
diesseits der Tränengrenze
taugt nicht,
der Wunsch, den Blütenfrühling zu halten,
der Wunsch, verschont zu bleiben,
taugt nicht.

Es taugt die Bitte,
daß bei Sonnenaufgang die Taube
den Zweig vom Ölbaum bringe.
Daß die Frucht so bunt wie die Blüte sei,
daß noch die Blätter der Rose am Boden
eine leuchtende Krone bilden.

Und daß wir aus der Flut,
daß wir aus der Löwengrube und dem feurigen Ofen
immer versehrter und immer heiler
stets von neuem
zu uns selbst
entlassen werden.[26]

Hilde Domin hat dieses Gedicht geschrieben zu einer Zeit, als sie selbst – zum wiederholten Mal – sich mit ersten Schritten in eine neue Existenz vortastete. Flucht aus dem Nazideutschland und 14 Jahre Exil in der Dominikanischen Republik lagen hinter ihr; nun wurde sie allmählich wieder heimisch in Deutschland.

Ich hatte das große Glück, in den Neunzigerjahren eine Lesung von ihr zu hören, und erinnere mich gut an die kleine Frau mit den vielen Falten im Gesicht und den strahlenden, gütigen Augen. Als sie das Gedicht »Bitte« vortrug, war es mucksmäuschenstill im Saal. Da sprach eine, die durch Fluten gegangen und die versehrter und heiler zu sich selbst entlassen worden war …

Das Gedicht greift die biblische Erzählung von der großen Flut auf, welche die ganze Erde überschwemmt. Noah nimmt Exemplare aller Tierarten mit an Bord der Arche, um sie vor der Sintflut zu retten. Nach vielen Wochen sendet er mehrfach eine Taube aus, um nachzusehen, ob die Wassermassen langsam zurückgehen und Land freigeben. Eines Tages kehrt die Taube mit einem Ölzweig im Schnabel zurück – ein Bild für das Ende der Katastrophe. Noah und alles Lebendige finden neuen, guten Lebensraum. (vgl. Genesis 6,9–7,17)

»Der Wunsch, verschont zu bleiben, taugt nicht. Es taugt die Bitte, daß bei Sonnenaufgang die Taube den Zweig vom Ölbaum bringe.« Ja, so ist es: Das Leben mutet Ungefragtes und manchmal Fürchterliches zu! Aber was ist, wenn »Land unter« herrscht? Was hilft, damit wir in der Flut von Not und Verzweiflung nicht untergehen? Und was macht uns fähig, mitten in der Krise nach neuen Lebensräumen Ausschau zu halten?

Psychologisch gesprochen ist dies die Frage nach der Verarbeitung von Krisen. Im Folgenden geht es insbesondere um die Rolle der Zuversicht im Verwandlungsprozess einer Krise: Welche Bedeutung kommt der Zuversicht in den einzelnen Phasen zu? Und noch grundlegender die Frage: Was gibt uns stets neu die Fähigkeit, die Bitte – das Hoffen *und* Bangen – in unserem Herzen aufsteigen zu lassen, dass wir aus der Flut »immer versehrter und immer heiler stets von neuem zu uns selbst entlassen werden«?

In den zwei vorigen Kapiteln ging es darum, wie wir in Krisenzeiten unsere Seele und unsere Fähigkeit zur Zuversicht stärken können. Nun geht es um den *Weg der Krisenverarbeitung*, um den *Prozess der Zuversicht*. Begleite ich Menschen in Krisen, hilft mir ein gedankliches Modell von fünf Phasen. Diese Phasen stellen keine starre Abfolge dar, sondern sind eher eine Reihe von inneren Aufgaben, die sich sowohl gleichzeitig als auch mehrfach neu stellen können.

Zunächst ein Überblick über die fünf Phasen:

1. *Im Schlamassel wirklich ankommen:* Sich gestatten, alles zu fühlen, was an sogenannten negativen Empfindungen im Inneren da ist. Die Gefühle wahrnehmen, benennen und ausdrücken.
2. *Bestandsaufnahme,* um einen realistische(re)n Blick zu gewinnen für die Situation und sich selbst. Emotional gefärbte Gedanken wie »Für mich bricht eine Welt zusammen!« oder »So habe ich mir das nicht vorgestellt!« machen deutlich, dass ein Zusammenhang besteht zwischen unseren Gefühlen und unseren (enttäuschten) Vorstellungen.
3. *Am Tief- und Wendepunkt:* Vor dem Unveränderlichen kapitulieren und sich die eigene Ohnmacht eingestehen. Das Schwere anerkennen und betrauern. Und sich aktiv dafür entscheiden, die Krise als einen Anruf an sich zu verstehen.

4. *Lösungen suchen:* Wichtig ist, über die naheliegenden Handlungsmöglichkeiten hinaus mindestens zwei oder drei weitere Optionen zu entwickeln und so das gewohnte Repertoire an Lösungen zu erweitern. Und schließlich:
5. Sich für eine Option *entscheiden* und diese *umsetzen*.

1. Emotionen wahrnehmen und ausdrücken

In einem Geburtskanal merkt man erst einmal nichts von Geburt. Vielmehr ist alles ungeheuer eng! Dunkel, schleimig, blutig. Und sehr schmerzlich!

Zuversicht bedeutet nicht, dass einem dunkle Gefühle fremd wären oder man Schwierigkeiten mit einem coolen Lächeln begegnen würde. Denn weil zuversichtliche Menschen den Ernst der Lage erkennen und die widrige oder aussichtslose Situation wirklich an sich heranlassen – deswegen kennen sie auch Angst, Ohnmacht und andere dunkle Empfindungen. Und das ist alles andere als selbstverständlich!

Gefühle und Gedanken, die in Krisen hochschwappen, können einen quälen. Der angeborene Instinkt schreit: »Nein! Das will ich nicht, bloß weg hier!«, und so weichen die meisten Menschen reflexhaft den unangenehmen Erfahrungen aus: Sie verleugnen das Problem oder projizieren es auf andere. Oder sie betäuben das eigene Unbehagen: Sie reden sich die Dinge schön, stopfen sich mit Essen voll oder halten sich mit Extremsport im Dauer-High. Aber auch der Wein am Abend oder die Weiten des Internets sind beliebte Fluchthelfer.

Was für eine Verschwendung von Zeit und Energie! Denn zum einen zahlen wir einen hohen Preis, wenn wir dauerhaft auf der Flucht sind. Zum anderen werden wir auf diese Weise nie die Tür finden, die uns in die Krise zunächst *richtig* hinein- und dann auch wieder herausführt.

Wir zahlen einen hohen Preis, denn erstens lassen sich Emotionen nicht selektiv drosseln. Mit dem Runterdimmen von schwierigen Empfindungen schwächen wir zugleich auch die Fähigkeit, Kreativität und Zuversicht zu empfinden. Zweitens führen Empfindungen, die nicht in der Helle des Bewusstseins gelebt werden, häufig ein einflussreiches Schattenregiment. Sie melden sich in der Dunkelheit, etwa in schweren Träumen. Sie melden sich als Dunkelheit, als Depression, als unerklärliche Müdigkeit und Lustlosigkeit. Oder sie kommen uns in Konflikten mit Menschen entgegen, die unsere verdrängten Gefühle, meist unbewusst und ungewollt, ans Tageslicht bringen.

Und drittens: Je länger wir uns gegen Angst oder Ohnmacht wehren – etwa indem wir denken: »Ich doch nicht!«, »Das darf nicht wahr sein!« –, umso größer wird in der Regel das Leid. C. G. Jung, Schweizer Psychiater und Begründer der Analytischen Psychologie, betont: Es gibt viele unnötige Leiden, weil wir uns weigern, das »berechtigte Leiden« zuzulassen, das unser Menschsein mit sich bringt. Denn wenn wir uns gegenüber dem unvermeidbaren Schmerz abschotten, führt dies auf lange Sicht zu viel größerem Schmerz.

Auch wenn es paradox klingt: Der erste Schritt, um die qualvolle Situation zu überwinden, liegt darin, dass Sie sich auf die innere Not einer Krise einlassen! Und das bedeutet: Das Chaos der eigenen Gefühle *wahrnehmen*. Sich der eigenen dunklen Empfindungen *bewusst werden*, sie *zulassen* und ihnen etwa durch Weinen oder Schreien *Ausdruck verleihen*.

In der ersten Phase geht es also nicht um Lösungen, sondern einfach nur ums Ankommen. Und zwar ums Ankommen bei dem, was ohnehin bereits da ist. Denn erst, wenn das, was in unserem Herzen lebt, auch da sein darf, kann sich das Gefühlschaos in neue Lebensmöglichkeiten wandeln. Wenn wir die Misere, in der wir stecken, ehrlich und vollständig anerkennen, dann erst wird es weitergehen. Darin liegt ein Grundgesetz der Wirklichkeit:

Was ist, das ist.
Was ist, darf sein.
Was sein darf, kann sich verwandeln.

Wenn Sie in einer Krise stecken sollten, gestatten Sie sich, *alles* zu fühlen. Notieren Sie Ihre Empfindungen und drücken Sie diese auch körperlich aus.

2. Bestandsaufnahme

Gefühle wirken wie Filter, welche die Sicht auf die Wirklichkeit und auf sich selbst beeinflussen und oft auch verzerren. In Krisen neigen Menschen zum Schwarzmalen und »Katastrophieren«. Etwa die Angst nach einer Trennung: »Ich werde für immer allein bleiben!« Oder: »Ich werde noch auf der Straße landen, wenn ich jetzt meinen Job verliere!« Um sich einen Weg durch die Krise zu bahnen, braucht es eine Bestandsaufnahme. Ein Realitätscheck kann ans Licht bringen, dass die Situation nicht derart katastrophal ist oder man selbst nicht so ohnmächtig wie angenommen. Geht einem dies auf, kann man sich mit neuer Zuversicht den Schwierigkeiten stellen und ihnen standhalten.

Genau hinschauen

»Wir lassen uns scheiden – reicht das Geld für die Miete, und wer bringt jetzt die Tochter in den Kindergarten?« »Mein Vater ist stark dement – wer kann sich außer mir um ihn kümmern?« »Ich habe meinen Arbeitsplatz verloren – wie vermeide ich noch höhere Schulden und sichere den Lebensunterhalt?«

Je genauer wir die Krise in ihren einzelnen Aspekten anschauen und je ehrlicher unsere Bestandsaufnahme ausfällt, desto mehr erhöhen wir die Chance, dass wir zu neuer Zuversicht finden und die Krise bewältigen.

Fragen für die *äußere und innere Bestandsaufnahme* können sein:

Wie sehen die genauen Umstände meiner Situation aus? Welche Fakten kann ich auflisten? Welche Informationen brauche ich, um die Situation besser zu verstehen, und wo und wie kann ich sie mir beschaffen? Worin sehe ich im Augenblick die größten Gefahren? Was kann ich tun, wenn das Schlimmste eintritt? Wer oder was kann mir (dann) helfen?

Was nervt mich am meisten? Welche Wünsche oder Erwartungen sind durchkreuzt worden? Was macht mich traurig? Was macht mir Angst – und wie realistisch ist das befürchtete Szenario? Welche meiner Bedürfnisse und Werte sind verletzt worden? Was sind jetzt meine dringendsten Bedürfnisse?

Wenn Sie in schwierigen Situationen eine Inventur machen, dann tun Sie sich in mehrfacher Hinsicht einen Gefallen: Statt die Krise zu dramatisieren oder herunterzuspielen, gewinnen Sie einen *realistische(re)n Blick* auf die Situation und sich selbst. Sie können die Geschichte gedanklich leichter verarbeiten. Und durch die nüchterne Sicht bereiten Sie den Boden, um in einer späteren Phase Lösungsansätze zu entwickeln.

Die innere Bestandsaufnahme macht Sie zugleich auf eine *Unterscheidung* aufmerksam, die für die Kunst der Zuversicht wesentlich ist: Sie können dieses oder jenes Gefühl *haben,* aber Sie *sind* es nicht. Sie sind mehr als Ihr Gefühl! Auch wenn ein Teil von Ihnen tief in Mitleidenschaft gezogen ist, gibt es Heiles und Kraftvolles in Ihnen: Erfahrung, Wissen, Können, lebensbejahende Empfindungen und vieles mehr. Dies kann eine überaus befreiende und stärkende Entdeckung sein. Zuversicht und Hoffnung bekommen neue Nahrung.

Und schließlich treten bei einer inneren Bestandsaufnahme Ihre Denkgewohnheiten und Einstellungen klarer zutage.

Für mich bricht eine Welt zusammen!

»Das habe ich mir ganz anders vorgestellt!« Oder: »Damit hatte ich nicht gerechnet!« – Solche Ausrufe sind aufschlussreich. Denn wenn ich wütend schimpfe oder ängstlich klage, dass ich mir das ganz anders gedacht hatte, dann wird zugleich deutlich: Meine Gefühle haben etwas mit meinen enttäuschten Vorstellungen zu tun. Es sind also nicht die Ereignisse als solche, die primär beunruhigen, sondern die Art und Weise, wie ich über sie denke.

Dieser Zusammenhang ist für die Suche nach einer zuversichtlichen Lebenshaltung bedeutsam. Wer beispielsweise glaubt, dass im Leben immer alles reibungslos laufen sollte, ist darüber schockiert, wenn er plötzlich ausgebremst wird. Dann wird eine Krankheit zum unerwarteten Störfall und das Scheitern einer Beziehung zum peinlichen Versagen. Und eine 87-Jährige, die im Sterben liegt, fragt anklagend: »Warum ausgerechnet ich?!«

Solch irrationale Annahmen über das Leben sind weitverbreitet und einer der häufigsten Gründe für das Leiden am Leiden. Aber in dem Zusammenhang von Erwartungen und Emotionen liegt auch eine Chance: Er gibt einen Schlüssel an die Hand, um den Weg zu einem zuversichtlichen Leben aufzuschließen. Denn *wie* wir die Dinge erleben, ist kein unabwendbares Schicksal! Wir sind keine passiven Beobachterinnen und Beobachter unseres eigenen Lebens. Vielmehr haben wir eine (gewisse) innere Wahlfreiheit, mit welcher Einstellung wir Schwierigkeiten gegenübertreten: Betrachte ich eine Schwierigkeit rein als Ärgernis und mich selbst als Opfer widriger Umstände, übellauniger Mitmenschen oder des Lebens selbst? Oder eigne ich mir die Situation an, indem ich sie als einen persönlichen Anruf an mich verstehe? – Welche dieser beiden Perspektiven wir einnehmen, ist von grundlegender und weitreichender Bedeutung! Natürlich, die Dinge selbst bleiben, wie sie sind, aber unsere Gedanken bestimmen unser Erleben und Handeln mit. Treffend beschreibt dies ein Text aus der jüdischen Tradition:

Achte auf deine Gedanken, denn sie werden zu Worten.

Achte auf deine Worte, denn sie werden zu Taten.

Achte auf deine Taten, denn sie werden zu Gewohnheiten.

Achte auf deine Gewohnheiten, denn sie werden dein Charakter.

Achte auf deinen Charakter, denn er bestimmt letztendlich dein Schicksal.

Ihre Einstellungen und Meinungen beeinflussen maßgeblich Ihr Schicksal. Und Ihre Bewertungen prägen grundlegend Ihr Erleben und Verarbeiten einer Situation. Daher ist ein wichtiges Element der Bestandsaufnahme: Werden Sie sich Ihrer Gedanken und Erwartungen bewusst. Denn dadurch gewinnen Sie einen inneren Freiraum, der Ihnen ermöglicht, Ihre Einstellung zu wählen. Und damit kommt die dritte Phase des Prozesses der Zuversicht in den Blick.

3. Am Tiefpunkt

Wäre ich nicht zum Grunde gegangen, wäre ich zugrunde gegangen.
(Meister Eckhart zugeschrieben)

Der Wunsch, von Unglück, Schmerz und Ungerechtigkeit verschont zu bleiben, ist völlig normal. Und ebenso nachvollziehbar ist es, mit Abwehr darauf zu reagieren, wenn sich Beziehungskrisen, Misserfolg und Verlust einstellen. Aber es gehört nun einmal zu den Tatsachen dieser Welt: Das Menschsein bringt Leiden und Widriges mit sich. Das Leben ist oft hart und ungerecht. Und auch kein Gott bewahrt einen vor Unheil und Tod.

Kapitulation und Frieden

Die altertümliche Formulierung »sich in eine Situation ergeben« klingt nach lebensfeindlicher Selbstaufgabe. Doch in ihr liegt etwas Humanes! Menschen mit chronischen Krankheiten können davon berichten. Ihre Situation beginnt sich erst zu bessern, wenn sie aufhören, die Krankheit zu bekämpfen, und sich in das Unvermeidliche *fügen*. Sich auf Dauer dagegen zu wehren, wird zum zerstörerischen *Unfug*. In der Ergebung nehmen sie der

Krankheit die Allmacht, geben ihr einen Ort im eigenen Leben und begrenzen sie dadurch.

Kapitulieren wir in Krisen gegenüber dem Unabwendbaren und gestehen uns unsere Ohnmacht ein, dann führt dies in den Tiefpunkt der Krise. Denn nichts fürchtet das Ich mehr als das Eingeständnis, dass es die Kontrolle verloren hat und allein nicht weiterkommt! Doch die Kapitulation ist der entscheidende Schritt, um Friedensverhandlungen zu beginnen.

So kann gerade das Eingeständnis der Ohnmacht zum unverhofften Wendepunkt werden. Im Tiefpunkt der Krise lassen wir alle konkrete Hoffnung auf eine Wiederherstellung des alten Lebens fahren und haben noch keinen blassen Schimmer vom neuen. Genau dann kann sich unverhofft die Zuversicht einstellen, dass selbst in der allergrößten Not noch nicht das letzte Wort gesprochen ist.

Und ein Weiteres: Wer das Schwere *anerkennt* und sagt: »Das gehört dazu!«, gewinnt neue Kraft: Er oder sie geht den ersten entscheidenden Schritt, der aus der passiven Opferrolle herausführt, und beginnt, mit dem Unvermeidlichen zu kooperieren. Sich zu ergeben ist daher kein Zeichen von Kleinmut, sondern ein Akt der Selbstbehauptung mitten in einer schweren Krise. Wir gewinnen die Freiheit, unsere Aufmerksamkeit auf das zu lenken, was wir tatsächlich vermögen. Werden neu offen für andere Themen und Menschen, denen wir begegnen. Und manchmal sogar dankbar für das Gute, das es immer noch gibt.

Wo die Grenze zwischen dem notwendigen Widerstand gegen das »Schicksal« und der ebenso notwendigen Ergebung liegt, lässt sich nicht prinzipiell bestimmen, sondern immer nur im konkreten Einzelfall! Unterscheidungsvermögen tut not, um auf die Frage antworten zu können: *Welche Dinge in meinem Leben kann und will ich ändern, und wo ist es Zeit, Unabänderliches anzunehmen?*

Reinhold Niebuhr betet mit folgenden Worten um die Gabe der Unterscheidung: »Gott, gib mir die Gelassenheit, Dinge hinzunehmen, die ich nicht ändern kann; den Mut, Dinge zu ändern, die ich ändern kann, und die Weisheit, das eine vom anderen zu unterscheiden.«

»Ja, ich akzeptiere, dass diese Beziehung zerbrochen ist.« »Ja, ich gestehe zu, dass ich diese Sache in den Sand gesetzt habe und gescheitert bin.« »Ich erkenne an, dass unser Kind eine Beeinträchtigung hat und voraussichtlich nie ein selbstständiges Leben führen kann.«

Solche Sätze für sich selbst zu formulieren, ist sehr schwer. Für ein solches *Ja* zum Unveränderlichen reicht es nicht, sich mit positivem Denken über einen erlittenen Verlust hinwegzutrösten oder einfach daran zu glauben, dass schon alles sein Gutes habe. Es gibt keinen Schleichweg an der Trauer vorbei!

Die Österreicherin Barbara Pachl-Eberhart hat das erlebt: Sie hat bei einem Unfall ihren Mann und ihre zwei kleinen Kinder verloren. Das Auto, in dem die drei saßen, wurde auf einem unbeschrankten Bahnübergang von einem Zug erfasst. Wie sie dieses unvorstellbar fürchterliche Erlebnis verarbeitete, hat sie in ihrem Buch beschrieben: »Vier minus drei. Wie ich nach dem Verlust meiner Familie zu einem neuen Leben fand.« In einem Interview spricht sie über die entscheidende Rolle der Trauer: Trauernd nimmt man wirklich Abschied von dem, was endgültig vergangen und verloren ist. Unwiderruflich loszulassen tut weh. Doch mit der Zeit kann sich etwas verwandeln. Trauer ist die Emotion der Veränderung, durch die man irgendwann in eine neue Ordnung hineinfindet.

Die Trauer erweitert das Bild, das Barbara Pachl-Eberhart von sich selbst hat. Vor dem Unfall war sie eine Mutter und eine Clownin. Der Tod ihrer Familie hat ihr beides genommen: Ihre Kinder leben nicht mehr, und professionell Menschen zum Lachen zu bringen, ist ihr nicht mehr möglich. Doch dann geht ihr auf, dass sie noch ganz andere Fähigkeiten besitzt: Sie kann schreiben, gut zuhören und andere Menschen beratend unterstützen. Heute arbeitet Barbara Pachl-Eberhart als Autorin und als Trauerbegleiterin.

Darin liegt die kreative Kraft der Trauer: Sie kann uns Möglichkeiten entdecken lassen, die wir bislang übersehen haben, weil wir auf unseren bisherigen Lebensentwurf fixiert waren. Sie kann unsere Fähigkeit zur Wandlung wachrufen. Und die Trauer kann uns eigene Antworten finden lassen auf die Frage, die sich nun stellt: Ja, es ist, wie es ist. Aber was mache ich jetzt daraus?

An diesem Punkt angelangt, steht wieder eine Entscheidung an. Es geht um meine eigene, innere Einstellung. »Die Situation ist dein Coach!«, bringt der Verhaltenstherapeut Jens Corssen es sportlich-provokant auf den Punkt: Wer sich aktiv dafür entscheidet, die Krise als eine Trainingseinheit anzusehen, um an ihr zu wachsen, verändert deren innere Bewertung. Die erlittene Situation bekommt eine neue Bedeutung; sie bekommt einen (anderen) Sinn: Sie wird zu einer Möglichkeit von Wachsen und Reifen.

Hier vollzieht sich der bereits genannte entscheidende Perspektivenwechsel vom *Warum* hin zum *Wozu*: *Wozu fordert mich diese Situation heraus? Ist diese ganze Misere möglicherweise auch für etwas gut? Oder will ich mir zumindest vorstellen, dass ich ihr eines Tages auch etwas Gutes abgewinnen werde?* – Stellen Sie sich solche(n) Fragen, dann machen Sie eine befreiende Kehrtwende: Sie geben sich und dem Leben die Chance, auch dem Negativen noch etwas Positives abzugewinnen.

Welch große Bedeutung die Fähigkeit hat, einer Krise auch Positives zuzutrauen, bestätigen eindrücklich auch aktuelle Studien: Der Super-Resilienz-Faktor liegt in der zuversichtlichen Einstellung, dass in Krisenzeiten auch etwas Gutes steckt.

Wichtig: Welche Entwicklungsmöglichkeiten oder Sinnmomente in einer leidvollen Situation liegen, kann nur jede und jeder selbst aufspüren und nutzen. Sie selbst sind gefragt!

Praxistipp: Das zweite Erwachen

Was hilft, Schwierigkeiten mit einer derart zuversichtlichen Einstellung gegenüberzutreten? Eine Stellschraube, um in diese bewusste Haltung zu finden, ist wieder der Tagesbeginn.

Zunächst eine persönliche Vorbemerkung: Ich glaube an die Seelenwanderung – und erfahre sie regelmäßig an mir selbst. Wenn ich morgens aufstehe, läuft vieles mechanisch ab. Mein Körper schlurft ins Bad und spult die üblichen Morgenroutinen automatisch ab, doch ich selbst bin noch gar nicht richtig da. Meine Seele scheint noch im Bett zu liegen und zu träumen. Erst wenn ich meinen Kaffee schlürfe, ergreift sie langsam wieder Besitz von meinem Körper. Ich werde mir meiner selbst und dieses neuen Tages bewusst. Ich erwache gewissermaßen zum zweiten Mal.

Um nicht dumpf und stumpf in den Tag hineinzuschlittern, hilft es, wenn Sie sich Zeit nehmen, um den Morgen ganz bewusst zu beginnen und sich auf ihn einzustimmen. Ein solches Ritual kann sehr unterschiedlich aussehen: ein kurzes Verharren auf der Bettkante; eine dampfende Tasse Tee in der Hand; einige Atemzüge am offenen Fenster; eine Zeit der Meditation.

Persönlich schätze ich folgendes Ritual: Ich stelle mich ohne Schuhe auf den Boden, nehme eine aufrechte, offene Haltung ein, lasse die Arme locker hängen und schaue ins Licht des neuen Tages. Ich versuche zu spüren, wie der Boden mich trägt. Dann breite ich die Arme in Kreuzform aus, als ob ich jemanden umarmen wollte. Spüre die Spannung, die in dieser Haltung liegt, und spreche folgenden Text:

»Im Licht dieses neuen Morgens heiße ich dich willkommen, Tag! Ich öffne mich dem Leben und allen Menschen. Alles, was mir heute begegnet, will mir helfen, lebendiger und liebender zu werden. Und ich bin bereit, die Spannungen dieses Tages auszuhalten.«[27]

4. Was tun?

Der vierte Schritt liegt darin, sich möglichst viele Optionen zu überlegen, wie man mit der Situation umgehen könnte. Benennen Sie zunächst die naheliegenden Handlungsmöglichkeiten und entwickeln Sie dann mindestens zwei oder drei weitere Alternativen. Durch dieses Vorgehen vermeiden Sie, dass Sie sich vorschnell an gewohnten Routinen und althergebrachten Antworten orientieren und dadurch andere Lösungsmöglichkeiten übersehen.

Dies geschieht häufiger, als man denkt. Ein Grund dafür kann darin liegen, dass wir uns in einem Dilemma gefangen glauben. Wir meinen, zwischen Pest und Cholera wählen zu müssen, und fixieren uns auf ein Entweder-oder. Wenn wir in einer komplexeren Situation stecken – etwa wenn der Haussegen schief hängt –, hilft es, nicht nur an die erstbesten Möglichkeiten zu denken (Soll ich mich trennen oder nicht?), sondern sich noch andere Optionen zu überlegen.

Ein anderer Grund kann sein, dass wir bestimmte Möglichkeiten (unbewusst) ausblenden. Wir wollen sie nicht sehen – vielleicht weil sie uns beunruhigen. Weil sie von uns Veränderungen verlangen oder wir einen hohen Preis zahlen müssten ... Doch auch wenn es sich unangenehm anfühlt: Sie tun sich einen Gefallen, wenn Sie den Mut haben, Neues und Ungewohntes zu denken!

Auch hier erweist die Zuversicht erneut ihre Kraft: in der Fantasie des Besseren; im Entdecken und Entwickeln von Handlungsspielräumen; im Mut, eine Möglichkeitsdenkerin zu sein. – Ob sich die Alternativen wirklich alle in die Realität umsetzen lassen, ist in der Sammelphase noch gar nicht so wichtig. Wesentlich ist, dass eine positive Veränderung der Situation uns überhaupt möglich erscheint. Dass wir wieder den Eindruck gewinnen, in der Zukunft mehrere Optionen zu haben, auf die wir zugreifen können. Um dann in der fünften Phase zu unterscheiden und zu entscheiden, welche Option wir wählen.

5. Entschieden – handeln!

Jedes noch so große Reiseziel braucht den ersten Schritt.

Stehen uns verschiedene Optionen vor Augen, stellt sich oft die Erkenntnis ein, dass es nicht die eine, optimale Lösung gibt. Doch der schlechteste Weg, den man wählen kann, ist der, keinen zu wählen! Oft stürzen uns nicht unsere Fehlentscheidungen, sondern fehlende Entscheidungen ins Unglück. Statt nach der Ideallösung zu suchen, wäre es realistischer und weiterführender zu fragen: Was ist in dieser konkreten Situation die *bessere* Alternative – inklusive ihrer Risiken und Nebenwirkungen?

Entlasten kann die Einsicht: Kaum eine Entscheidung wird für immer getroffen. Viele sind nur für eine befristete Zeit gültig. Manches können wir erst einmal auf Probe versuchen, um es auszutesten. Und zahlreiche Entscheidungen lassen sich bei Bedarf der Situation neu anpassen.

Und falls sich im Nachhinein eine andere Option als die bessere herausstellt, obwohl Sie nach allen Regeln der Kunst entschieden haben, dann lassen Sie sich davon nicht beirren. Führen Sie sich vor Augen: Ob sich eine Entscheidung als richtig oder falsch erweist, ist im Augenblick der Entscheidungsfindung nicht definitiv absehbar – nicht zuletzt deshalb, weil

Zufälle und Unvorhersehbares das Ergebnis beeinflussen. *Die Entscheidung bestimmt nicht über das Ende, sondern nur über den Beginn einer Entwicklung!*

Haben Sie sich entschieden, dann gilt es natürlich, den Entschluss in die Tat umzusetzen! Manchmal muss man Durstrecken und Hürden überwinden und alten Denk- und Verhaltensgewohnheiten widerstehen. Eine hilfreiche Möglichkeit besteht darin, dass Sie eine vertraute Person als Zeugin für Ihren verändertes Leben nehmen. Eine Person, die an Sie und Ihren Neustart glaubt; die Sie unterstützt, nach vorne zu schauen. Die Ihnen den Rücken stärkt und notfalls auch mal in den Hintern tritt.

Es ist offensichtlich: Die Zuversicht spielt auch in dieser abschließenden Krisenphase eine zentrale Rolle. Zum einen: Die Hoffnung als »Leidenschaft für das Mögliche« motiviert, einen Entschluss zu treffen und umzusetzen. Die Zuversicht bewirkt, dass wir entscheiden, gestalten und handeln, um das Erhoffte zu verwirklichen.

Zum anderen: Jede Entscheidung ist ein Geschehen mit offenem Ausgang und hängt mit Zuversicht und Vertrauen zusammen: Mit dem Vertrauen in sich selbst, mit den Folgen der Entscheidung umgehen zu können. Mit dem Vertrauen in andere. Und mit dem Vertrauen, dass uns auf dem Weg täglich das gegeben wird, was wir zum Leben brauchen.

Der Aufbruch

Ich befahl, mein Pferd aus dem Stall zu holen. Der Diener verstand mich nicht. Ich ging selbst in den Stall, sattelte mein Pferd und bestieg es. In der Ferne hörte ich eine Trompete blasen, ich fragte ihn, was das bedeute. Er wusste nichts und hatte nichts gehört. Beim Tore hielt er mich auf und fragte: »Wohin reitest du, Herr?« »Ich weiß es nicht«, sagte ich, »nur weg von hier. Immerfort weg von hier, nur so kann ich mein Ziel erreichen.« »Du kennst also dein Ziel?« fragte er. »Ja«, antwortete ich, »ich sagte es doch: »Weg-von-hier«, das ist mein Ziel.« »Du hast keinen Essvorrat mit«, sagte er. »Ich brauche keinen«, sagte ich, »die Reise ist so lang, dass ich verhungern muss, wenn ich auf dem Weg nichts bekomme.«[28]

(Franz Kafka)

6. Beschenkt

Der Prozess der Zuversicht und Krisenverarbeitung nimmt uns ganzheitlich in Anspruch. Alle Kräfte sind gefragt, das Fühlen und Denken, das Wollen und Handeln. Es wäre jedoch falsch anzunehmen, dass es allein auf unsere Aktivität ankommt. Ebenso wichtig ist die Bereitschaft, geschehen zu lassen! Denn dass man im Verlauf des Prozesses stets neu Zuversicht aufbringen und aus einer Krise gestärkt hervorgehen kann, entzieht sich bei allem Engagement immer auch der eigenen Verfügungsmacht.

Ich persönlich kenne niemanden, der oder die sich auf die Schulter klopft und sagt: »Ich verdanke es allein meiner Selbstoptimierung, dass ich meine Schwierigkeiten bewältigen konnte.« Insbesondere wer Schreckliches erleiden muss, erlebt es auch als ein Geschenk, wenn er Tag für Tag neu Zuversicht und Vertrauen in sich vorfindet. Wenn er sich in der Ohnmacht »irgendwie« gehalten erfährt. Und wenn sich nach langer Nacht ein heller Streifen am Horizont zeigt.

Der Deutungsrahmen, mit dem diese ermutigenden Transzendenz-Erfahrungen beschrieben werden, ist unterschiedlich: In einer nicht-religiösen Kultur werden sie verstanden als Momente außergewöhnlicher Zuversicht, als psychologische Selbstheilungsmechanismen oder Ähnliches. Menschen mit einer spirituellen Lebenshaltung werden darin eine religiöse Grunderfahrung wiedererkennen, die sich vielleicht so formulieren lässt: Ich lebe nicht nur aus eigener Kraft. Sondern ich schöpfe aus einer Quelle, die den Tiefen meiner Seele entspringt *und* die mir zugleich geschenkt wird. Ich bin eingebettet in einen tragenden Zusammenhang. Oder biblisch formuliert: In ihm – dem göttlichen Leben – leben wir, bewegen wir uns und sind wir. (vgl. Apostelgeschichte 17,28)

Es wird deutlich: Im Prozess der Zuversicht ist unser Tun gefordert *und* unsere Bereitschaft, geschehen zu lassen. Eine aktive, zupackende Einstellung dem Leben gegenüber mit viel Mut zur Angst *und* eine kontemplative, empfangsbereite Haltung. Darin liegt eine Grundregel für ein von Hoffnung und Zuversicht getragenes Leben: Alles tun, was in unserer Macht liegt, *und* offen sein für Rettendes. Die Ressourcen in unserem Leben ernst nehmen und stärken *und* darauf vertrauen, dass Hoffnung auch geschenkt wird. Wie die Sonnenblumen noch im Dunkeln aktiv den Kopf in jene Richtung wenden, wo die Sonne aufgeht, *und* sich dem Geheimnis von Nacht und Tag überlassen.

Diese Zuversicht wünsche ich Ihnen!

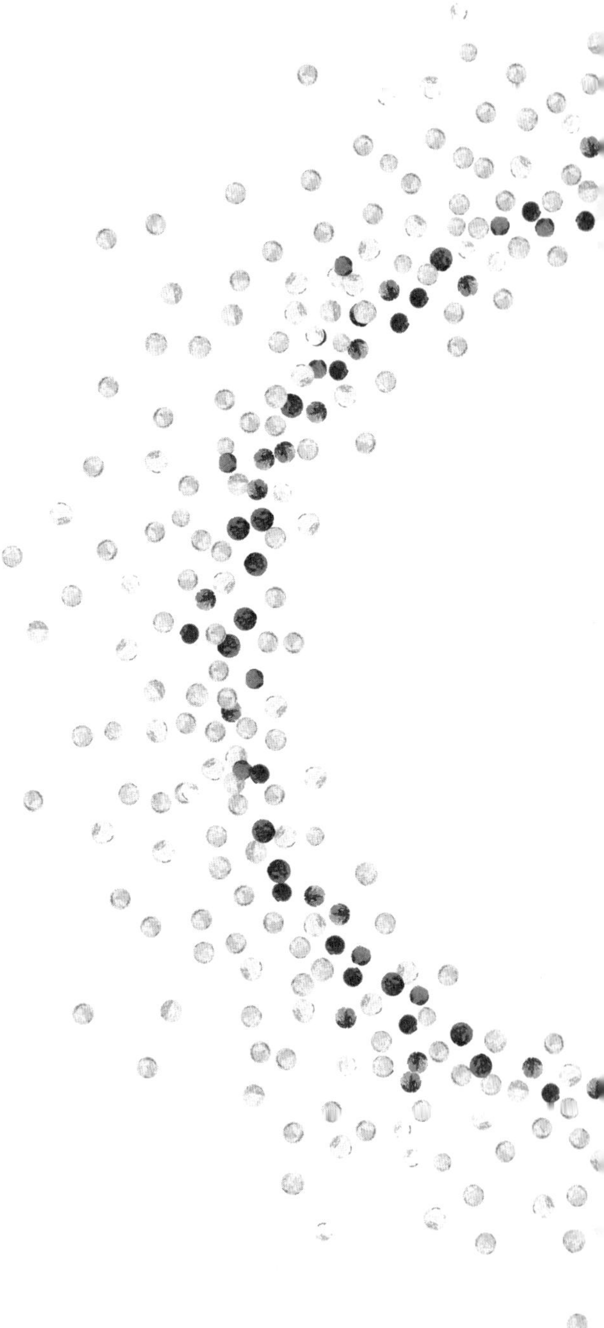

Was hat mich heute
positiv berührt und
hoffnungsvoll gestimmt?

DANK

Viele Menschen haben mich bei der Entstehung dieses Buches inspiriert und ermutigt. Ich danke all jenen, die mir im Lauf meines Lebens glaubhaft Zuversicht vorgelebt und mich in dieser Haltung bestärkt haben.

Mein Dank gilt der Philosophin Natalie Knapp und dem Autor Ulrich Schnabel, deren Bücher ich mit großem Gewinn gelesen habe. Ich danke Susanne Pointner für ihre wichtigen Hinweise und Anregungen bei der Textüberarbeitung. Und insbesondere danke ich Andreas Knapp, der das Manuskript unnachgiebig konstruktiv erörtert und zum Gelingen des Buches wesentlich beigetragen hat.

Schließlich danke ich dem Leiter des bene! Verlags und Lektor Stefan Wiesner für die anregende und vertrauensvolle Zusammenarbeit.

AUSGEWÄHLTE LITERATUR

Natalie Knapp, Der unendliche Augenblick. Warum Zeiten der Unsicherheit so wertvoll sind, Rowohlt, Berlin 2020, 6. Auflage

Andreas M. Krafft, Werte der Hoffnung. Erkenntnisse aus dem Hoffnungsbarometer, Springer, Berlin 2019

Veit Lindau, Fucked up. Wie du aus Sch… Kompost machst, Kailash, München 2017

Charles Pépin, Sich selbst vertrauen. Kleine Philosophie der Zuversicht, Hanser, München 2019

Ulrich Schnabel, Zuversicht. Die Kraft der inneren Freiheit und warum sie heute wichtiger ist denn je, Blessing, München 2018, 3. Auflage

Clemens Sedmak, Innerlichkeit und Kraft. Studien über epistemische Resilienz, Herder, Freiburg im Breisgau 2013

Melanie Wolfers, Trau dich, es ist dein Leben. Die Kunst, mutig zu sein, bene!, München 2019, 6. Auflage

Melanie Wolfers, Entscheide dich und lebe. Von der Kunst, eine kluge Wahl zu treffen, bene!, München 2021, 3. Auflage

Foto: Ulrik Hölzel

Melanie Wolfers

Mutmacherin. Philosophin für Lebensfragen und Spiritualität

Dr. theol., Mag. phil., studierte Theologie und Philosophie in Freiburg und München und arbeitete anschließend als Hochschulseelsorgerin an der Universität München. Seit 2004 lebt die Expertin für Lebensfragen und Spiritualität in einer christlichen Ordensgemeinschaft in Wien. Gründung von IM*puls*LEBEN, einem Projekt für junge Erwachsene auf der Suche nach Lebensorientierung und sozialem Engagement.

Melanie Wolfers ist Bestsellerautorin und schreibt für überregionale Magazine, u. a. für BRIGITTE. Sie ist gefragte Rednerin und betreibt den Podcast »GANZ SCHÖN MUTIG – Dein Podcast für ein erfülltes Leben«.

GANZ SCHÖN MUTIG gibt es bei Apple, Spotify, YouTube und überall, wo es Podcasts gibt, sowie auf der Homepage von Melanie Wolfers.

www.melaniewolfers.de
www.salvatorianerinnen.at

QUELLEN

1 »Laudes« aus: Andreas Knapp, Brennender als Feuer. Geistliche Gedichte, © Echter Verlag, Würzburg 2012, 9. Aufl. 2020, S. 35

2 Über die gegenseitige Beeinflussung von Körper und Psyche und über selbsterfüllende Prophezeiungen vgl. Ulrich Schnabel, Zuversicht. Die Kraft der inneren Freiheit und warum sie heute wichtiger ist denn je, Blessing, München 2018, S. 91–107

3 Siehe: https://gea-waldviertler.at/unternehmen/gea-universum/, mit freundlicher Genehmigung von Heini Staudinger

4 Gut Österreichisch / Austriazismus. Auf gut Deutsch: »Mach dir nicht in die Hose!«

5 Gut Österreichisch / Austriazismus. Auf gut Deutsch: »Sei nicht so hirnverbrannt!«

6 Diese Aufnahmen bewegten Wim Wenders, mit »Salz der Erde« einen ganzen Dokumentarfilm über Salgado zu drehen.

7 »Geburt des Morgens« aus: Andreas Knapp, Barbara Wolfers; Ausblick ins Unendliche. Worte und Bilder zum Leben, © Echter Verlag, Würzburg 2012, S. 8

8 Vgl. Andreas M. Krafft, Werte der Hoffnung. Erkenntnisse aus dem Hoffnungsbarometer, Springer, Berlin 2019, S. 59–66

9 https://www.zeit.de/zeit-magazin/2020/36/joachim-meyerhoff-schlaganfall-schriftsteller-schauspieler, ZEITMAGAZIN Nr. 36/2020 v. 26.8.2020

10 Christian Signol, Marie de Brebis. Der reiche Klang des einfachen Lebens. Aus dem Niederländischen von Corinna Tramm. © Verlag Urachhaus, Stuttgart 2007, 20. Aufl. 2021, S. 38f.

11 Ebd., S. 55

12 Ebd., S. 111f.

13 Ebd., S. 178

14 Ebd., S. 187

15 Gut Österreichisch / Austriazismus. Auf gut Deutsch: »armes Schwein«

16 https://www.projekt-gutenberg.org/dickens/clowngri/chap013.html
17 Vgl. Natalie Knapp, Der unendliche Augenblick. Warum Zeiten der Unsicherheit so wertvoll sind, Rowohlt, Hamburg 2020, 6. Auflage
18 Verena Kast, Der schöpferische Sprung. Vom therapeutischen Umgang mit Krisen © Patmos Verlag. Verlagsgruppe Patmos in der Schwabenverlag AG, Ostfildern, 1. erweiterte Auflage 2017. Hervorhebungen (kursiv) durch Melanie Wolfers
19 Vgl. Natalie Knapp, Der unendliche Augenblick. Warum Zeiten der Unsicherheit so wertvoll sind, Rowohlt 6. Auflage 2020, S. 53–76
20 Eric Butterworth, Liebe: die einzig schöpferische Kraft, aus: Jack Canfield, Marc Victor Hansen, Hühnersuppe für die Seele. Geschichten, die das Herz erwärmen. Aus dem Englischen von Christiane Radünz. © 1996 Goldmann Verlag, in der Verlagsgruppe Random House, München
21 Vgl. Andreas M. Krafft, Werte der Hoffnung. Erkenntnisse aus dem Hoffnungsbarometer, Springer, Berlin 2019, S. 59–66
22 Joachim Retzbach, Sinn schlägt Glück. Gehirn & Geist, Nr. 08/2017
23 Viktor Frankl, … trotzdem Ja zum Leben sagen. Ein Psychologe erlebt das Konzentrationslager, Kösel, München 1997, S. 125
24 Zur Kraft der zwischenmenschlichen und religiösen Resonanz und zur Bedeutung von Sinn für ein zuversichtliches Leben vgl. Ulrich Schnabel, Zuversicht. Die Kraft der inneren Freiheit und warum sie heute wichtiger ist denn je, Blessing 3. Auflage 2018, S. 165–208
25 Vgl. Anthony de Mello, Meditieren mit Leib und Seele. Neue Wege der Gotteserfahrung, Butzon & Bercker, Kevelaer 1984, S. 48
26 Hilde Domin, Nikola Herweg (Hrsg.), Melanie Reinhold (Hrsg.) Sämtliche Gedichte, © 2009 S. Fischer Verlag, Frankfurt am Main
27 Für mich persönlich ist dieses Ritual eingebettet in ein Gebet mit dem Körper: in das »Sonnengebet in christlicher Tradition«; anderen sind diese Haltungen bekannt aus dem Yoga.
28 Franz Kafka, Paul Raabe (Hrsg.), Sämtliche Erzählungen, S. Fischer Verlag, Frankfurt am Main, S. 320f.

Alle im Text enthaltenen externen Links begründen keine inhaltliche Verantwortung des Verlages, sondern sind allein von dem jeweiligen Dienstanbieter zu verantworten. Der Verlag hat die verlinkten externen Seiten zum Zeitpunkt der Buchveröffentlichung sorgfältig überprüft, mögliche Rechtsverstöße waren zum Zeitpunkt der Verlinkung nicht erkennbar. Auf spätere Veränderungen besteht keinerlei Einfluss. Eine Haftung des Verlags ist daher ausgeschlossen.

Besuchen Sie uns im Internet:
www.bene-verlag.de

Aus Verantwortung für die Umwelt hat sich die Verlagsgruppe Droemer Knaur zu einer nachhaltigen Buchproduktion verpflichtet. Der bewusste Umgang mit unseren Ressourcen, der Schutz unseres Klimas und der Natur gehören zu unseren obersten Unternehmenszielen. Gemeinsam mit unseren Partnern und Lieferanten setzen wir uns für eine klimaneutrale Buchproduktion ein, die den Erwerb von Klimazertifikaten zur Kompensation des CO_2-Ausstoßes einschließt. Weitere Informationen finden Sie unter: www.klimaneutralerverlag.de

MIX
Papier aus verantwortungsvollen Quellen
FSC® C083411

Originalausgabe Oktober 2021

Ein Imprint der Verlagsgruppe
Droemer Knaur GmbH & Co. KG, München

Lektorat: Stefan Wiesner
Cover- und Innengestaltung: Maike Michel
Illustration Cover und Seite 148/149: Shutterstock / [illegible]
Druck und Bindung: CPI books GmbH, Leck
ISBN 978-3-96340-206-7

5 4 3